Seluba Buddhism Books
知る・わかる・こころの旅を豊かにする
セルバ仏教ブックス

はじめての「密教的生き方」入門

森崎雅好 著

セルバ出版

はじめに

　本書は、真言密教の教えを日常の生活で活かしたいと考えている方々への入門書です。筆者が、高野山に来てから真言密教の教えに触れ、学んだこと、見聞したこと、そして、心理臨床現場での学びから筆者なりに理解した真言密教の教えをわかりやすくまとめたものです。

　真言密教は、お釈迦さまが開かれた仏教の教えを根底に据えつつも、インド古来の宗教的世界観を包含した壮大な世界観をもった教えです。その教えは、中国から真言宗の宗祖である弘法大師空海に引き継がれ、さらに発展しまとめられました。この教えには、苦を抜き楽を与える（抜苦与楽）ための智慧が詰まっています。

　現在、筆者は、高野山大学で教鞭をとる傍ら、臨床心理士として心理相談業務に従事しています。多くの悲しく辛いお話と出会う度に、何かお手伝いするための良い知恵はないものかと考え、また、私自身の背負う問題もあり、心理臨床現場での支援指針と自分自身が生きて行く上での方向性を得るために、10年前に高野山大学大学院に入学し、僧侶になりました。

　真言密教の世界は、初めて学ぶものにとっては、難解な用語が多く、独特の用語や概念を理解するのに四苦八苦します。

　また、筆者自身が抱える苦しみに対して、お釈迦さまは一切皆苦を説かれますので、すべてが苦しい世界で生きることのどこに救いがあるのか、抜苦与楽は夢物語なのではないかと感じていました。

　しかし、腰を据えてじっくりと真言密教の教えに向かい合ってみると、少しずつですが、その智慧の世界が身に染みるようになってきました。

　本書は、6章から構成されています。真言密教の世界に親しんでいただくためには、まず、お釈迦さまがお生まれになった古代インドの宗教的思索から学ぶ必要があります。そのため、第1章から第4章までは、インドの古代の宗教的世界観と、その中から生まれた仏教、大乗仏教、真言密教について概観します。

　第5章では、人生で出会う苦悩に対する真言密教の教えの活かし方につ

いて解説します。特に、自分の大切な人やものを喪失した時に生じる罪悪感や罪責感、そして自分の人生に虚しさを感じることに、真言密教はどのように答えるのかということについて記しました。

　第6章では、日常生活で真言密教を活かすための心得を学ぶために『仏前勤行次第(ぶつぜんごんぎょうしだい)』について解説しています。

　真言密教の教えは、自分のいのちと他者のいのちを平等であると観て、現実社会で寿命の続く限り自他のために、いのちを活かし続けることを説きます。

　本書が、皆さまの人生に少しでもお役に立てることを願っております。

　平成27年3月

雅宝庵にて　森崎　雅好

はじめての「密教的生き方」入門　目次

はじめに

第1章　真言密教に流れるインドの世界観

1　苦悩と宗教 …………………………………………………… 8
2　真言密教とは ………………………………………………… 11
3　古代インドの思想―瞑想(めいそう)と感応(かんのう)― …… 13
4　ヴェーダ聖典―ウパニシャッドの哲学― ………………… 15
5　出家と解脱 …………………………………………………… 21

第2章　仏教の基本的な教え

1　仏教の誕生 …………………………………………………… 24
2　五蘊無我(ごうんむが)と縁起(えんぎ) ……………………… 25
3　無常と一切皆苦 ……………………………………………… 27
4　無明(むみょう) ……………………………………………… 30
5　輪廻転生と解脱 ……………………………………………… 33
6　四聖諦(ししょうたい)と八正道(はっしょうどう) ………… 36
7　仏教における輪廻転生の世界―その宇宙観― …………… 39

第3章　大乗仏教の勃興

1　大乗仏教の基本理念 ………………………………………… 44
2　如来の慈悲 …………………………………………………… 45
3　大乗の菩薩(ぼさつ)と慈悲の実践徳目（六波羅蜜(ろくはらみつ)） … 47
4　大乗仏教の哲学 ……………………………………………… 50
5　大乗の無数の如来と法身(ほっしん) ………………………… 53
6　ことばへの信仰―真言と宣誓― …………………………… 55

7 授記思想(じゅき) ……… 57

第4章　真言密教のエッセンス

1 大乗仏教と真言密教との違い ……… 60
2 真理の体験のために―即身成仏(そくしんじょうぶつ)― ……… 65
3 加持感応(かじかんのう)―真言と如来の不思議な力― ……… 75

第5章　苦悩と真言密教―苦を抜き、楽を得る―

1 苦しみの3タイプ ……… 82
2 罪悪感型と解放 ……… 84
3 不完全型と自己定位 ……… 89
4 絶望的体験と罪責感 ……… 93
5 自己放棄と真実の自己の在り様 ……… 101

第6章　密教的生き方の心得

1 現実の生活で活かす ……… 114
2 毎日の行動指針 ……… 116
3 仏前勤行次第解説(ぶつぜんごんぎょうしだい) ……… 117
4 お釈迦さまの言葉に還って ……… 131

参考文献

あとがき

第1章　真言密教に流れるインドの世界観

1　苦悩と宗教

様々な苦悩と宗教の働き

　宗教とは何かと問われれば、「人々の苦しみをなくすための教えである」と言えるでしょう。人によって苦悩の中身は異なります。

　例えば、「どうして、私は人とうまくやっていけないのか」、「どうしてあの人は死んでしまったのか」、「どうして、私はつらい病気になったのか」といった自己と他者、自己と社会との関係や、自己と自分自身の病気や怪我、天災などの様々な出来事との関係における苦しみがあるでしょう。

　また、「私は生きていていいのか」、「私は悪者ではないのか」といった自己の内面から沸き起こってくる苦悩や、「私はいったい何者なのか」、「私はなぜ生まれてきたのだろう」といった、自分が生きていることそのものへの懐疑などの苦しみがあると思います。

　このような苦しみの中にある者にとって、宗教が果たす働きには大きく二つのものがあると考えられています。一つには、苦しい人生の中でも生きるための根本的な方向を指し示すこと、二つには悩みや苦しみを解決する力です。

宗教の構造

　多くの宗教には、生きるための道を示し、苦悩を解決するための世界観があります。宗教学的観点からみれば、その世界観には、共通して三つの要素が含まれています。

　一つはアニミズムといわれる霊魂ないし霊的存在の観念です。二つはマナ的な力といわれる何か超自然的な働きをするものがあり、それらが崇拝と儀礼の対象になることです。三つには世界の創造者、または、根本的な存在である起因者がいることです。また、その世界観には、霊的存在の観念やマナ的な力が信じられているため、呪術的な要素も含まれています。

宗教的世界観の特徴には、聖と俗、彼岸と此岸、浄土と穢土などの、いわゆるあちらの世界とこちらの世界という、二元的世界観があります。特に、あちらの世界は私たちの思議が及ばない世界であり、通常、超・非・不などの接頭語をつけて表現されます。

　他にも、天国と地獄、義と罪、浄と穢、覚りと迷い、光と闇といった、二項対立的な考え方があるのも、宗教的世界の特徴の一つです。

　多くの宗教では、このような世界観の中で、何か超自然的な働きに出会うための祈りや祈願を行います。これは、儀礼や儀式としてまとめられており、絶対的他者に救済を一心に求めることや奉仕活動を行うこと、また、修行に打ち込むことなどの、一定の「やり方」を提示します。

　現代の科学は、なぜ苦しい状態が生じたのかを説明するよりも、どのようにその状況や状態が生じたかを客観的・実証的に示そうとします。それは、生じた現象と現象との因果関係を明らかにすることを目的としています。

　一方、宗教は、生じた事実を問題にするのではなく、私たちがその現象に対して感じる苦しみ、悲しみ、憎しみといった感情に対して、何かしらの解や意味を提示します。

　そのため宗教とは、極めて主観的な体験を扱うものだといえるでしょう。

真言密教の概略

　真言密教にも宗教の特徴としての「霊的存在の観念」、「マナ的な力」、「起因者」の三要素が含まれています。ただし、厳密には、「起因者」としての絶対的な存在はなく、世界の創造者を認めてはいません。

　その代わりに、世界の在り方の法則としての「法」があります。法とは、世の中にあるすべての物や現象(出来事)がお互いに作用しあっている働きやルールのことです。

　真言密教は、この三要素を含みつつ、人々の様々な苦しみを取り除き、願いを成就するための宗教的儀礼や儀式、呪術的要素なども取り込んでいます。

　呪術というと妖しい感じがしますし、この妖しさ

が宗教嫌いや嫌悪感を引き起こす原因の一つになっていると思います。しかし、病気平癒や受験合格などの祈願や絵馬に願い事を書いたりする行為にみられるように、呪術的要素は私たちの生活に溶け込んでいます。

　呪術の妖しさの問題は、その世界観に「呑まれてしまう」ことにあります。時折、修行と称して死者が出てしまうニュースが流れるのも、その世界観に誤って囚(とら)われてしまったからです。

　先に種明かしをすれば、真言密教はこれらのことをすべて認めた上で、最終的には自分を含めたありとあらゆるものが一つであることを教えます。そして、この世界はもともと苦しみのない、安楽の世界であると観る境地に達することを目的としています。

　これは、二項対立の世界が一つになる境地に至る教えです。この境地を真言密教では、我即大日(がそくだいにち)、即身成仏(そくしんじょうぶつ)、阿字本不生(あじほんぷしょう)などと表現をします。そして、この境地に至れば、自分の苦しみをなくすための儀礼や儀式、呪術も無用になります。

　真言密教の用語は難解なものが多いですが、慣れ親しんでしまえば、そのバラエティに富んだ思想は、自分と世界が一体化した遊戯三昧(ゆげざんまい)の境地へと皆さんを誘うでしょう。

　本書では、その世界をご案内したいと思います。

2　真言密教とは

真言と秘密仏教

　真言密教を敢えて簡潔に表現すれば、生きとし生けるすべての生き物に霊性を観て、その各霊性を包含する、大いなる霊性である大日如来と自分が同じであることに気づく教えです。

　霊性とは、生き物を動かしめている「いのち」のことを指し、また、大日如来とは、法そのものを表した仏のことをいいます。

　また、密教は、諸説ありますが、秘密仏教を略した用語であると考えられています。仏の秘密の教えである密教に対して、顕教（けんぎょう）という言葉があります。顕教（けんぎょう）は、お釈迦さまの教えが綴られた経典（きょうてん）を中心に仏教を学び、長い修行を経て真理に至ろうとする教えです。

　ところで、インドでは、密教という表現はなく、金剛乗（こんごうじょう）や真言乗（しんごんじょう）といわれています。真理や真実を表す「ことば」である真言への信仰をもち、お釈迦さまの教えを学ぶとともに、密教独自の瞑想法による宗教的神秘体験を通じて、その教えの背景にある真理に即座に至ろうという教えです。

　宗教的神秘体験とは、自分とこの世界全体のいのちの大本である大日如来とが同一である、という真理に目覚めることです。

　このように真言密教という言葉は、真言への信仰と仏の秘密の教えの両者を含んでいます。

自と他のいのちの大肯定

　また、真言密教は、あらゆるいのちを大肯定し、自と他のいのちを活かすことを目指す教えでもあります。

　高野山金剛峯寺前の駐車場には、「生かせいのち」と書かれた看板があります。これは、真言密教のいう相互供養（そうごくよう）、相互礼拝（そうごらいはい）の考え方を表しています。供養とはおもてなしをすること、礼拝とは尊敬することです。

　筆者は、この「生かせいのち」の標語を「私が私のいのちを活かす」、「私

があなたのいのちを活かす」、「あなたが私のいのちを活かす」と解釈しています。なぜなら、あらゆるものは大日如来から顕れたいのちある生き物であり、それぞれが寿命の限り自分の人生を生きる主人公だからです。

　お互いがお互いの善さ、悪さなどをすべて認め合い、共にお互いのいのちを活かし合って生きていこうという教えが真言密教です。

　このような教えは、古代インドから連綿と続く宗教的世界観の中で生まれた仏教が時代とともに発展し、中国的の文化によって咀嚼（そしゃく）され、日本において宗祖弘法大師空海（こうぼうだいしくうかい）（お大師さま）が体系化したものです。

　お大師さまは、日本に生まれ、日本の風土の中で育っています。人は、住む環境によって出来事を認知する仕方が異なりますので、当然、日本的な理解が含まれています。

　しかし、その一方で、例えば、姿かたちは異なっていても、生き物には共通した遺伝子があるように、表層的なものの奥には相通ずる本質的な何かがあります。

　そのため、真言密教を理解するには、まず、古代インドの宗教的世界観に触れておく必要があります。適時、キーワードを紹介しながらその世界観を概観していきたいと思います。

3　古代インドの思想―瞑想と感応―

瞑想と合一

　世界の四大文明といわれるのが、エジプト、メソポタミア、インダス、黄河の四つの地域で生まれた文明です。いずれも大きな川の流域で人類は文明を創りあげていきました。その中のインダス文明が、真言密教の教えの中にも脈々と流れているのではないかと思います。

　例えば、インダス文明のモヘンジョダロ遺跡から、当時の通商のための印章が発掘されています。その中に、瞑想によって精神統一をしている人の姿が彫刻されています。

　インドには、古くから瞑想の伝統があり、瑜伽、禅定などの用語もすべて瞑想を意味します。遥か4000年以上前から瞑想を通じて、自己の外側にある世界と内側にある世界との合一体験をし、宇宙と自己の存在についての思索を巡らしていたようです。

　その後、インダス文明は滅び、アーリア人によって新たな文化が築かれ、バラモンといわれる階級の宗教であるバラモン教が起こります。インド古来の思索は、バラモン教の最も重要な宗教聖典であるヴェーダ聖典に引き継がれていきます。

感応と真言

　ヴェーダ聖典には、神々を讃嘆する歌に関するものや、祭式や儀式に関するもの、宗教哲学的思索に関するものなどが含まれています。この聖典は、基本的にはリシといわれる宗教的詩人たちが、大いなる何かとしか言いようのないものから感応し得た「ことば」を綴ったものとされます。

　つまり、このことばは、宗教的神秘体験をした時に感得したものであるといえます。特に、神々に対する呼びかけや祈願のことばを真言といいます。この真言には、それ自体に力があると考えられています。そのため「聖なることば（聖語）」といわれます。

ここで感応について考えてみましょう。真言密教では、よく真言をお唱えします。例えば、地蔵菩薩の真言は、「おん　かかかび　さんまえい　そわか」です。この真言は、古代のインド語であるサンスクリット語で発音をし、梵字といわれる文字で次のように表記されます。

　これらの真言は、聖なることばであるため訳すことはしません。敢えて訳せば、地蔵菩薩が「おー、ははは（笑い声）、希有なことよ、幸あれ」という感じでしょうか。訳出してしまうとなんら有難みのない、単なる音の羅列のように思えます。

　しかし、地蔵菩薩を、延々と輪廻転生する愚かな有情（いのちある生き物）を苦しみから救ってくださる方として捉えた時、「何を苦しんでいるんだ。己の欲望をなくしてしまえば、たいしたことないのだよ」と、ありとあらゆる拘りを笑い声で吹き飛ばしてくださる感じがします。

　ここで有情について少し説明をしておきます。有情とは、いのちあるすべての生き物のことをいいます。有情は、「衆生」とも漢訳されています。本書では、仏教の専門用語として衆生が使用されている場合を除いて、有情を使用します。有情の方が、感情をもつ生き物という意味がよく表現されていると考えるからです。

　ところで、地蔵菩薩の真言だけでなく、他の真言にもよく「おん（唵）」という単語が最初についています。この「おん」は、感嘆詞です。そのため、リシたちが何かを感じ取った時に発した感嘆の声であるとも考えることができます。

　私たちも、何か感動的な景色を見た時やスポーツ選手のファインプレイを見た時に、つい「おー」と感嘆の声をあげるように、この「おん」は、自己の外側の世界と自己の内側の世界が感応し合った時に発せられる、神秘的なことばであると考えられています。

　このように真言密教には、仏教が生まれる以前から続く、古代インド人たちの宗教的神秘体験とことばへの信仰が根底にあります。

4　ヴェーダ聖典－ウパニシャッドの哲学－

存在と認識の哲学

　初期に編纂されたヴェーダ聖典は、主として、あちこちに遍満する神々への讃嘆や祭式の方法が書かれており、儀礼的なものが多くみられます。神々は、人々の願いを叶え、苦しみを取り除いてくれる対象として崇拝されていました。

　祭式では、供物を火の中に入れ、煙にそれらをのせて天の神々に捧げることが行われます。この祭式の在り方は、真言密教の中にも取り入れられており、無病息災などの祈願をする時や、僧侶が瞑想を修する時に行われる護摩の修法として伝承されています。

　また、お葬式や回忌法要でご焼香やお線香をお供えするのも、故人やご先祖さまの霊に香りを届けるということになっていますが、もともと、火によって生じた煙に、さまざまな供物や想いをのせていくという素朴な願いから出てきたものです。

　その後、神々に祈るだけで人生の問題を解決しようとするのではなく、自らの人生の問題の在り方に目が向けられるようになります。例えば、「なぜ、人は苦しまなくてはならないのか」、「なぜ、人は生まれてくるのか」といった宗教哲学的思索が本格的になされるようになってきました。

　そして、自己の在り方とこの世界の在り方についての思索が始まります。「私たちはどこから来て、どこに向かっていくのか」という自分の起源と未来の自分の在り方についての疑問が出てきました。

　また、「私たちは何者であるのか」、「どのように私たちは真理を観るのか」、そして、「この世界はなぜあるのか」という、自分や世界の在り方そのものへの考察がなされるようになります。

アートマンとブラフマン

　これらの考察が記されているのが、ヴェーダ聖典の中にあるウパニシャッ

ドといわれる聖典です。例えば、ウパニシャッドでは、死とは何かという考察がなされます。その中に真言密教を理解する上で避けることができないキーワードが出てきます。それは、アートマンとブラフマンです。

細かな議論を避けて簡単に言ってしまえば、アートマンとは体と心をもった有情を維持せしめている存在と認識の主体で、輪廻転生する実体をもつものであると考えられています。

漢訳では、「我(が)」と表記されます。「無我の境地」といわれる時の我は、アートマンのことを指しています。日本風にいえば、霊魂ということになります。そして、死とは、アートマンが体を捨ててしまうことであると考えます。

一方、ブラフマンとは、宇宙の根本原理です。漢訳では、「梵(ぼん)」または「梵天(ぼんてん)」と表記されます。ブラフマン自体が宇宙であり、すべての創造者です。宗教のもつ三つの要素である「霊的存在の観念」、「マナ的な力」、「起因者」のうちの「起因者」に相当し、本来、アートマンはこのブラフマンと同じだと考えられています。

しかし、人々は、存在と認識の主体がアートマンであることに気がつかずに、自分の心身が主体であると「思い違いをしている」ために、輪廻転生を繰り返すのだと考えられました。

アートマンとブラフマンとの関係や輪廻転生との関係については、後述しますので、今は自分自身を動かしめている主体がアートマン、宇宙の動きやそのルールそのものであるのがブラフマンである、と理解しておいてください。

輪廻転生(りんねてんしょう)

ここで輪廻転生について記しておきましょう。輪廻転生について知らなくては、インドの宗教的世界観を理解することができないためです。

輪廻転生とは、死後も新たないのちをもった生き物として再生し、延々と生きることと死ぬことを繰り返すという思想です。

この思想を理解する上で欠かせないのが、生存クラスという視点です。仏教が生まれる前から輪廻転生の思想がありますが、ここでは仏教の輪廻転生について解説します。

仏教には、六つの生存クラスがあり、苦しみが一番少ない順に、天界、人間界、阿修羅界、畜生界、餓鬼界、地獄界があります。
　また、この考えは、差別的社会構造を支える思想でもあり、当時は人間社会においても身分の階級分けがありました。もっとも位が高い階級には、神々と交渉をするバラモンといわれる宗教者集団があります。
　次いで、クシャトリアといわれる王族階級があります。仏教の開祖であるお釈迦さまは、この階級の釈迦族の王子として産まれました。クシャトリアの下にバイシャといわれる、商人や庶民クラスの階級があります。一番下に、スードラといわれる奴隷階級があります。これを四姓制度といいます。
　初期のヴェーダ聖典には、この輪廻転生の考え方はみられず、バラモン教の教えにはないようでした。ウパニシャッドが作成される頃に、バラモンがクシャトリアである王族に教わるという問答形式のものが記されています。
　そこには二つの道が説かれており、生前に悪しき行いをしたものは、死後に天界には行けず、再び下位の生存クラスにもどってきます。一方、善き行いをしたものは、そのまま天界に行くことが記されています。

　仏教でも、善きこと、いわゆる徳を積むことを続ければ死後に上位クラスへ、悪いことをすれば下位のクラスへと生まれると考えます。また、人間社会のどの階級に生まれるのかも、生前の行いが影響していると考えます。

解脱と業（カルマ）

　輪廻転生の思想をめぐっては、何が転生するのか、また、悪しき行いをすると、なぜより苦しい生存クラスに生まれ変わるのか、ということについての宗教哲学的な思索がなされました。この思索が盛んになされるようになった背景には、彼らが死という現象について高度に思考する力を持つようになったことと、生きることの苦しさを見つめ、その苦しみから逃れたいと心の底から願ったことが挙げられると思います。
　日本の文化では、仲のよい恋人同士や夫婦が、「次、生まれ変わっても、君（あ

なた）と会いたい」と言うように、お互いが来世で再生することを願います。しかし、古代インドの人々は、「生きるという苦しい思いを二度としたくない」と思い、再生を願いませんでした。

　さらに、彼らは、その先まで考えて、生まれ変わるということは「また、死ななくてはならない」ことにも気がつきます。彼らは、輪廻して生まれ変わることで再び死ななければならないことを憂い忌避(きひ)しました。そのため、この輪廻から抜け出すことを求めました。

　この輪廻から抜け出した状態を解脱(げだつ)といいます。解脱とは、束縛から解き放すことを意味し、二度と生存のクラスには戻らないことをいいます。

　輪廻の思索と関連して業(ごう)（カルマ）の思想も生まれます。業とは、私たち有情が、意識的にせよ、無意識的にせよ、行った行為のすべてをいいます。

　この行為は、目には見えない、ある流れを作り出します。この流れを潜勢力(せんせいりょく)といいます。この潜勢力が、輪廻の主体であるアートマンに影響を与えて、死後も再び生まれて、延々と輪廻転生を繰り返すという説明がなされました。

　例えば、あなたが誰かに「ありがとう」と感謝の言葉を伝えれば、おそらくその人はあなたに好感を抱くでしょう。そうすれば、もしあなたが窮地に陥った時には、その人が助けてくれるかもしれません。逆の場合も然りです。誰かに恨まれることをすれば、その潜勢力がいずれは自分に巡ってくると考えます。

　このように業とは、一つの行為が次の行為を引き起こし、その行為の結果を自分が受け取るという流れを作り出していくものであると考えます。「情けは人のためならず」という言葉の通りに、今の自分に生じている善いことも悪いことも、すべて過去の自分の行為の結果である、と考えるのが業の思想です。

　これを輪廻転生の世界にあてはめれば、今の環境に生まれたのも、過去世(かこぜ)において自分が作り出した業の結果であると考えます。そのため、今、苦しい思いをしている人にとっては、業の思想はかなり冷酷であるように思えます。

　しかし、この思想は、来世があることが前提にありますから、今後の生き方次第でこれからの自分の人生や死後の行き先が決まるという未来志向の考え方でもあるといえます。

輪廻の主体者

　では、なぜアートマンは、この業の影響を受けるのでしょうか。ウパニシャッドでは、本来、存在と認識の主体であるアートマンが人生の主役であるにもかかわらず、体と心をもった、いのちある自分自身がアートマン（我）であると誤って認識しているからだと説きます。

　真実を知らない人が行う行為は、当然、誤った結果を引き起こすのだと考えます。

　例えば、カニかまぼこが本物のカニだと思い込んでいる男がいるとしましょう。彼は、仲間とお寿司を食べに行くたびに、カニかまぼこの手巻き寿司を食べては「このカニはおいしいね」と言います。仲間たちが、それが本物のカニではないことを教えても、彼にはまったく聞く気がありません。

　そのうち、彼は、仲間からバカにされるようになりました。彼は、バカにされる度に仲間に怒りを向けるため、結局、仲間外れにされるようになり、寂しい思いをすることになりました。

　いかがでしょうか。彼は、真実をみないばっかりに、寂しさという苦しみを味わったのです。このように、アートマンに気がつかない人は、いつまでも悪い業をつくり続けて延々と再生を繰り返すことになります。

　ここで、皆さんは、あまりピンとこられないと思います。体と心をもった存在こそが自分ではないかと考えるでしょう。しかし、よくよく考えてみてください。

　アートマンとは、存在と認識の主体です。主体であるアートマンは、この自分の生命活動を維持せしめている存在ですから、見られたり、知られたりすることはありません。アートマンがアートマン自身を見たり、聞いたり、触ったりしたらおかしな話だというわけです。

　見られたり、聞かれたりするものは、認識される対象です。認識するものを認識するためには、その認識するものを超えたものが認識しない限り不可能ですし、認識された時点で、もはやそれは認識の主体ではありません。

　このように認識するものを、その先のずっと先まで追求し続けたら、究極的に認識するもの、存在するものとしての何かを設定する必要があります。これをアートマンといい、アートマンは決して認識されることはありません。

例えば、皆さんは、ご自身の体を見ることができるでしょう。触ることもできます。そうです。認識されるものはアートマンではないのですから、皆さんの体はアートマンではありません。皆さんは、ご自分の心を見ることができますか。感じていると認識することができますから、心もアートマンではありません。このように自分の心身ですら認識対象ですから、皆さんの心身はアートマンではありません。

　このことを、紀元前8世紀頃に活躍したバラモン教きっての論客といわれる、ヤージュナヴァルキアさんは「非ず非ずのアートマン」という有名な言葉で語っています。あれでもない、これでもない（非ず非ず）と否定しきったところにアートマンがあるとしました。

　そのため、心身が自分であると思い違いをしている人は、誤った世界観をもっていることになります。当然、誤った世界観の中で生活していますから誤った行為を行います。その行為から悪い業を作り出して、アートマンは潜勢力にまとわり続けられ、輪廻転生を繰り返すことになります。

　ちなみに、バラモンたちは、宗教的哲学の観点から盛んに存在と認識について論争を行っていました。自分の宗教的哲学理論や解釈が正しいことを主張し、相手を論破したものは褒美をもらっていました。ヤージュナヴァルキアさんは、常勝者だったようです。

死とアートマン

　また、ウパニシャッドの哲人は、死という現象についても考察を行いました。ヤージュナヴァルキアさんによれば、死とはアートマンが各感覚器官に向けている作用をアートマン自身に引き戻すことだとされます。

　例えば、目が外界を認識するのは、アートマンが目に認識する作用を向けているためであると考えます。その認識作用をアートマン自身に回収することで目が見えなくなります。同様に、呼吸すること、匂いを嗅ぐこと、接触の感覚などの認識力は、すべてアートマンから向けられた作用です。

　死とは、これらの作用をアートマンに回収することであり、最終的にアートマンがこの肉体から離れることであると考えました。

5 出家と解脱

梵我一如(ぼんがいちにょ)

　死後に再生と再死を恐れていた彼らが目指した解脱とは、輪廻転生から抜け出ることでした。では、その解脱の先はどうなっているのでしょうか。

　その答えの鍵となるのが、宇宙の根本原理であると考えられているブラフマンです。

　ブラフマンとは、この世界の本体であり、かつ、この世界のルールです。そして、解脱とは、輪廻転生を繰り返すアートマンがこの世界の本体であるブラフマンに合一することだと考えられました。この境地に至った時が解脱です。これを梵我一如(ぼんがいちにょ)といいます。解脱後はブラフマンと合一し、二度と苦しみをうける生き物に生まれ変わることはありません。

　この梵我一如の思想は、真言密教を理解するためのキーワードになりますので、覚えておいてください。

出家者の登場

　このように輪廻の思想がインド社会を覆うことで、新たに出家者と呼ばれる人間社会を捨てて、真実のアートマンを追求する者が現れます。

　人間社会で生活をすることは、自分の体と心を使って生き物を殺さねばなりません。また、田畑を耕し商売をするという生産活動に従事せねばなりません。婚姻するとなれば相手を愛し、子孫を残すとなれば性行為を行わなくてはなりません。

　社会集団の中にいると、自分の思い通りにならない他者を相手にし、いつ財産をなくすかもわからず、誰の被害に遭うかもわかりません。また、愛する人を喪い(うしな)悲しみにくれるかもしれません。そして、いのちある私たちは、病気になって死ぬことや年老いて死ぬことが運命づけられています。

　このように、たとえ真面目に生きていても、自己の生命欲に従って社会の中で生きることは、必然的に新たなる悪い業をつくり出す環境の中にいるこ

とになります。つまり、普通に生活をしていると、いつまで経っても生存の苦しみから抜け出すことができません。

そのため、彼らは、この苦しみから逃れるために社会から抜け出すこと、つまり、出家を選択しました。出家によって、最小限の生命欲だけで生命活動を維持し、新たなる再生に導く業の潜勢力の影響を受けることを極力排除することを選びました。

先述のヤージュナヴァルキアさんも、アートマンを追い求めるべく、多くの宗教哲学者との論争で勝ち得てきた財産をすべて奥さんに譲り、どこかへ行ってしまいました。

彼らは、生産活動を一切せず、民衆から食べ物をお布施してもらいながら苦行や瞑想を行います。民衆が出家者にお布施をするのは、功徳を積むことになると考えられていたからです。

出家者たちは、体の感覚器官から入ってくる刺激を遮断することによって、体と心の主体であるアートマンに新たな業の潜勢力が及ばないようにすることや、心身を痛めつけることによって、純粋な精神状態になり、いわゆる神通力(じんつうりき)を身につけることができると考えていました。

あるいは、この苦行の苦しみを享受することによって、来世に善き生存クラスに生まれ変わると考えていました。例えば、1日中炎天下で立ち続けることや、意識がなくなるほどの長い時間呼吸を止めること、身もやせ衰えるほどの断食を行うことなどをしていました。もちろん、心静かに瞑想を行うこともしていました。

このような出家者たちの中から、独自の宗教的哲学をもつものが現れ、バラモン教以外の宗教もたくさん出現しました。お釈迦さまもこのような出家者のうちの一人です。

第2章　仏教の基本的な教え

1　仏教の誕生

お釈迦さま

　ウパニシャッドに登場するヤージュナヴァルキアさんは、紀元前約800年頃にいたと考えられています。その後約300年ほどを経て、インドはカピラヴァストゥに住む、釈迦族の族長であるシュッドーダナ王とそのお妃であるマーヤー夫人の間に一人の王子が誕生しました。

　後にお釈迦さまといわれるゴータマ・シッダールタさんです。お釈迦さまは29歳の時に王子である身分を捨てて出家し、35歳で覚り、80歳で入滅するまで布教活動を続けました。

　お釈迦さまの教えは、またたく間に広がり、お釈迦さまは、尊師、勝者、如来、などと呼ばれるようになりました。多くの宗教家がいる中で、お釈迦さまが説法を開始してから、続々と信奉する者が現れました。お釈迦さまも当時の宗教界の思想の中に生きていましたから、延々と輪廻する有情が解脱する方法について教えを説きました。

　教えが広まるということは、お釈迦さまが当時の宗教家たちと異なった、新しいことを説いたということになります。では、お釈迦さまは、当時の宗教界においてどのような教えを展開したのでしょうか。

　ここでは、代表的な教えとして、「五蘊無我と縁起」、「無常と一切皆苦」、「無明」、「輪廻転生と解脱」、「四聖諦と八正道」を取り上げたいと思います。

2　五蘊無我と縁起

五蘊無我

　当時のインドの宗教界における修行目的は、アートマンとブラフマンの合一を目指すことが主流でした。彼らは、アートマンには常住不変の実体があると考えていました。

　しかし、お釈迦さまの説く新しい教えは、自分自身の在り方を分析し、自分の体と心のどこにも実体としてのアートマンは見いだせないことを宣言したことでした。また、アートマンに関する議論には沈黙し、常住不変のアートマンに拘ることを諫め、ひたすら生きることの苦しみを滅する方法を説きました。その教えの一つが、五蘊無我です。

　五蘊無我とは、自分の存在は、たまたま五つの要素にみえるものが仮に集まったもので、色（物質）、受（感受作用）、想（表象作用）、行（能動的意思作用）、識（認識や判断作用）の集まりに過ぎないとという教えです。

　現代風にいえば、色は体を、受、想、行、識の四つは心を表していると考えてもよいでしょう。この五蘊の集まりである自分のどこにもアートマンは見いだせないと説きます。

縁起

　お釈迦さまは、縁起を説かれます。縁起とは、端的に、「これがあるから、あれがある。これがないから、あれがない」という教えです。後に、この縁起は、十二支縁起、アーラヤ識縁起、六大縁起などバリエーションが広がっていきますが、いずれも、物事が生じるのは何か原因があるからであり、その原因がなければ結果もないという因果関係を説きます。

　これだけを聞くと「当たり前のことではないか」と思う方がいらっしゃるかもしれません。しかし、これ

を観るのが、とても難しいのです。

　ここで、五蘊無我と縁起の教えがつながります。お釈迦さまは、私たちを構成する五つの要素が縁起によって、寄り集まって出来上がったものであると説きます。

　例えば、私たちが目の前にあるりんごを認識する時には、りんごという物（色）があり、そのりんごを見るためには眼という感覚器官が必要です（受）。そして、眼から入ってきた情報をイメージとして心の中に表し（想）、そのりんごのイメージについて「美味しそうなりんごだ」「いい色をしているりんごだ」などの意思判断を行い（行）、最終的にりんごであると認識し、りんごについて、手に持つのか、食べるのかなどの総合的な判断を下すこと（識）をします。

　りんごを見て手に取るまでの間にも、時間的因果関係の流れがあることがわかります。前の事象が後の事象を次々と引き起こしていきます。これが縁起です。このつながりによって、りんごと自分が存在しているのです。

　逆に、りんごを感受する感覚器官がなければ、りんごをイメージすることもなく、また、その次の意思判断をすることも、認識することもありません。したがって、自分もありません。

　このように、「これがあるから、あれがある。これがないから、あれがない」という縁起によって、私たちの存在と認識も構成されていると説きます。

　また、すべてが縁起で構成されているので、すべてのものが実体をもって単体で存在しているということもありません。この縁起でできあがっている自分のどこにも、実体のあるアートマンは見いだせないとしました。

3　無常と一切皆苦

執着と欲望

では、なぜこの縁起によって、認識や存在が生じるのでしょうか。お釈迦さまは、執着と欲望が原因であると説きました。

目の前にりんごがあると認識したのは、目を向けたためです。りんごを見ようとしたのは、お腹がすいていたのかもしれません。お腹がすいていれば、りんごを手に取り、口に入れます。これで一連の業の流れが作り出されます。

日常生活を送る私たちにとっては、当たり前の行為です。ましてや、りんごを食べることは悪いことではありませんから、この業は悪いものではありません。しかし、お釈迦さまに言わせれば、これらの一連の行為も、りんごに執着と欲望をもっているからだという話になります。

無常と苦

また、お釈迦さまは、一切の作られたものは、縁起によって構成されているため実体はなく、時間の経過とともに必ず変化するものであると説きます。この変化することを無常といいます。逆に、実体があるものは、永遠に変化しないものとされ、常住といいます。

もし、口に入れたりんごが腐っていたら、私たちは「ああ、食べることができない」と悲しみを感じます。腐ったりんごは、腐る前のりんごから変化しました。そのため、りんごには実体はなく、無常なものであると説きます。

そして、変化するものは、すべて苦だと説きました。なぜなら、変化するものは、「自分の思い通りにならない」からです。りんごが腐っているために食べることができなかったことは、思い通りにならなかったため、苦です。実際、お腹がすいている時に食べることができなければがっかりします。このがっかりすることが苦です。

ここで世の中を見渡した時、変化しないものがあるでしょうか。ありません。すべて変化します。大きな岩山であっても、長年の風雨で岩は少しずつ削れていくでしょう。ましてや、私たちの肉体は、老いに向かって変化していきますから、無常です。

　常住であり続けるものはどこにもなく、すべては無常ですから、仏教では一切皆苦（一切行苦）を標榜します。人生で出会うすべての現象は苦であり、生きていることは苦です。つまり、生じている現象は、無常であるため、すべてが苦なのです。仏教は、ここから始まります。

　生きていることも苦、老いることも苦、病になることも苦、死ぬことも苦です。これらをまとめて仏教では四苦といいます。さらに、人は、必ず死にますから、愛する人とも必ず別れがあります。これを愛別離苦といいます。また、社会で生きていれば、怨み憎む人にも会わなくてはなりません。これを怨憎会苦といいます。

　さらに、自分が欲しいものや求めるものも、全て手に入るわけではありません。これを求不得苦といいます。これらの苦しみを感じるのは、そもそも自分が存在しているためですから、これを五蘊盛苦といいます。先の四苦にこれらの四つの苦しみを合わせて八苦といいます。

抜苦与楽

　私たちは、執着と欲望をもっているので、いつも「〜になっていてほしい」、「〜でなくては困る」と考えて、可能な限り変化しないこと、常住であることを望みます。しかし、変化しないものは、どこにもありません。常住を望んでいる私たちにとって、すべては「思い通りにならない」ので、苦しかありません。

　お釈迦さまは、移ろいゆき流れ去る現象を、しっかりとあるがままに観れば、この世界は「思い通りにならない」現象だけがあり、すべては苦であるということを強調しました。そして、この流れ去る現象を縁起の法（縁起の理法）といい、この法をしっかりと観ることができれば心が静まり安楽が訪

れると説いたのです。これが仏教における解脱論です。解脱については後述します。

このような教えである仏教を、楽で陽気な教えであるとは言い難いのが正直なところです。「死にたくない」と思っていても、お釈迦さまに言わせれば、「いや、必ず死ぬのです」となるのです。

抜苦与楽(ばっくよらく)という言葉は、文字通り、苦を抜き、楽を与えるであって、楽を与えて苦を抜くのではありません。仏教では、安易な楽を与えるのではなく、目の前の現象を徹底的に苦であると観た先に、平穏な安楽の境地が訪れると説きます。

しかし、私たちは、頭ではわかっていても、「病気になりたくない」、「死にたくない」と自分自身のいのちや人生に執着と欲望を持ち、苦しんでしまう存在です。

4　無明

幻想

　では、なぜ、私たちは、その苦をそのまま観ることが難しいのでしょうか。それは、無明だからです。無明とは、執着と欲望によって物事や現象を正しく観ないことをいいます。

　「私たちは、執着や欲望の色眼鏡で物事を認識するために苦しみが生じる」としかお釈迦さまは言いません。「あなたが苦しいのは、あなたが勝手に思い込んでいるだけだ」と言います。

　この無明の反対語は、明です。日本語で「諦める」という言葉は、もともと「明らかにする」ことを意味するそうです。仏教では、無明から明に転換した時、覚ったといいます。「なるようにしかならない」という言葉がありますが、この言葉の通りです。

　例えば、仏典に子どもを亡くしたキサーゴータミーさんのお話があります。自分の子どもが亡くなって、なんとか生き返らせたいと願います。その時、お釈迦さまが「一度も死者を出したことがない家から、芥子の実をもらってきたら、生き返らせよう」と約束します。

　キサーゴータミーさんは、必死に各家を回りますが、一度も死者を出したことがない家などない、という現実を観て、「いのちあるものは必ず死に、生き返らせることはできない」ということに気がつきます。

　この話は、ありのままに観ることを説くわけですが、一点、大切なことがあります。それは、起こった出来事は何一つ変わっていないということです。結局、彼女の認知の仕方が大転換し、現実を受け入れたというお話です。

　このように、仏教は、苦しんでいる人の世界の把握の仕方を転換するための教えであると考えれば、理解がしやすくなります。起こった出来事にアプローチするよりも、自分の心構えにアプローチする方法であるともいえます。

　その後、彼女は、お釈迦さまに感謝し、お釈迦さまの弟子になって修行を続けます。なぜなら、彼女は、今まで「生き返らせることができるに違いな

い」という幻想にとらわれていために苦しんでいましたが、新たな気づきによってその幻想がなくなったために楽を得たからです。この幻想にとらわれている状態が無明です。

　この話を初めて知った時に、「悲しみが深すぎて、気がつけない人はどうすればいいのだろう」という疑問が起こりました。しかし、残念ながらお釈迦さまは、「ありのままに観なさい」としか言いません。後は、本人が気がつく以外にないのです。

　ただし、このお話には、一つ見逃してはいけない点があります。それは、キサーゴータミーさんが苦しんでいる時、お釈迦さまは彼女の苦しみにずっと寄り添っていたということです。お釈迦さまは、とても慈悲深い人だったのだと思います。この慈悲が、後におこった大乗仏教では大きくクローズアップされることになります。

名称と形態

　ところで、この無明を理解する上で重要なキーワードがあります。それは「名称と形態」です。

　私たちの認識能力の一つの特徴は、生じた現象に名称を与えることでその現象を際立たせ、他の現象との区別をつけることです。また、名前がつくことで対象認識が促進され、記憶しやすくなります。

　この認識能力によって、概念化や整理が進んで思考が明晰になります。いわゆる分類や分析が可能になり、新たな発見がなされます。これは、科学的思考といわれるものです。

　このように、私たちの社会は、ある現象に命名することで、これまでよくわからなかった現象の原因をみつけ、進歩しているといってもいいでしょう。いわゆる西洋的な考え方です。

　一方、東洋では、「あるがまま」や「合一」といった、大いなるものに包まれる感覚、いわば「そのまま」であることを好みます。

　仏教もこのような世界に至ることを推奨します。単に、流れ去る現象であるにもかかわらず、その現象に名称を与えるが故に、その現象に形態をみて、執着が生じるのだと教えます。

逆に、名称を与えなければ、単に流転する流れだけがあるということになります。

不死と不再生

ところで、お釈迦さまは最初の説法で、「なすべきことはなしおえた、私は不死である」と宣言されています。いのちあるものは死なないはずがないのに、なぜ不死であると言われたのでしょうか。

先述の「名称と形態」の考えに沿えば、動かなくなる現象に「死」という名称を与えたが故に、際立ったものとして認識されてしまうのです。

実際、死の三兆候も、単なる社会の約束事です。もし、名称を与えなければ、死という現象は、心臓が止まって瞳孔が開き、呼吸が止まっただけのことです。

現実的には、この三兆候がみられても、爪はまだ伸び続け、個々の細胞はまだ生きています。どこからが死なのか、厳密には線引きすることはできないのです。

私たちの目の前に展開されるのは、身体が延々と腐敗していく時間の流れという現象だけになります。そこには、死と名づけるところの実体のあるものは、何もありません。

お釈迦さまは、すべてのものは流れ去るという縁起の法を説き、ご自身の存在も流れ去るものであることを観ました。そのため、自分の死も単なる流れ去る現象であると捉え、不死であると宣言したのだと思います。

また、同時に、「再生はない」とも言っています。お釈迦さまは、執着と欲望を滅し、縁起の法を観ましたから、もはや自分を構成する要素が集まることもないと覚りました。

キサーゴータミーさんは、「死んだものは生き返らない」という現象の流れに対して、「生き返る」という名称を与えることで、自身の心の中に「生き返ったわが子」という幻想を見ていたわけです。その幻想にとらわれていたが故に、苦しんだのです。

このように仏教では、執着と欲望の故に、流れ去る現象に誤って名称を与え、ありもしない形態に拘ること、つまり無明であることを強く諫めます。

5 輪廻転生と解脱

苦を観るための実践

　仏教は、苦をなくすことを目的とした非常に実践的な教えです。そのため、お釈迦さまは、煩瑣な哲学的議論を行うことはしませんでした。簡潔に対象に執着することをやめよ、自分に執着することをやめよといいます。

　その簡潔さを如実に表しているのが、お釈迦さまとお弟子さんたちとのやり取りの定型句です（図表１参照）。これはお弟子さんが誤った理解をしていたり、種々のことで苦悩したりしている時によく出てくるやりとりです。

【図表１　お釈迦さまとお弟子さんとのやりとり】

お釈迦さま	お弟子さん
・「色は、常住であるか、無常であるか」	「無常です。」
「無常は、楽であるか、苦であるか」	「苦です。世尊よ。」
・「受は、常住であるか、無常であるか」	「無常です。」
「無常は、楽であるか、苦であるか」	「苦です。世尊よ。」
・「想は、常住であるか、無常であるか」	「無常です。」
「無常は、楽であるか、苦であるか」	「苦です。世尊よ。」
・「行は、常住であるか、無常であるか」	「無常です。」
「無常は、楽であるか、苦であるか」	「苦です。世尊よ。」
・「識は、常住であるか、無常であるか」	「無常です」
「無常は、楽であるか、苦であるか」	「苦です。世尊よ。」
・「よろしい」	

　図表１のやり取りは、自分が五蘊で構成されていることを徹底的に観るためのものです。このやり取りを現代風にすると、以下のようになります。

　例えば、自分の腕を傷つけて血が出たとしましょう。その腕が本当に自分のものであれば、思い通りにすぐに血が止まるはずです。しかし、自分の腕

であるにも関わらず、血を止めることができません。思い通りにならない腕は自分のものではありません。また、自分の心臓を思い通りに止めることもできません。思い通りにならない心臓は、自分のものではありません。

　かなりくどい感じがしますが、お釈迦さまはお弟子たちに「無常なるものは苦である」、「五蘊で構成されている自分の存在は苦である」、「思い通りにならないものは苦である」ことを事あるごとに復唱させます。そして、執着と欲望が生じないように常に心がけるよう指導しました。

　このように、自分の体や心と自分との関係を観ていくと、自分の体や心ですら思い通りにならないことに気がつきます。お釈迦さまは、「思い通りにならない自分の存在ですら苦であることを観て、自分への拘りを止めよ」と説きます。それによって、苦しみがなくなると言います。

　また、「このように思い通りにならない自分の心身のどこに、不変の実体をもったアートマンがあるのか」とも説きます。また、アートマンに拘っている時点で、そこに執着や欲望があることをみます。お釈迦さまは、どこにも見あたらないアートマンを追求して苦行を続けることでは、求める安楽が得られないと考えました。

　苦行によって体を痛めつけ、体の感覚器官に刺激を与えることをするのではなく、心を鎮めて縁起を観ることによって執着と欲望が生じなくなり、安楽が得られると説きました。

　そのため、アートマンがあるのかないのかといった議論に関わることを拒否します。そのようなことに拘ることで、また苦が生じるからです。

輪廻の主体と解脱

　一方、輪廻の主体で実体があるとされるアートマンに拘らない五蘊無我の教えは、「では、いったい何が輪廻するのか」という問題を引き起こします。

　一応、仏教では、色、受、想、行、識のうちの識が輪廻すると考えます。識に業の潜勢力が影響して新たなる再生が生じると考えます。一応と書いたのには、理由があります。

　仏教には、無記(むき)といわれるお釈迦さまが取り合わなかっ

た問題が複数あります。例えば、お釈迦さまは、無我を説いたのにもかかわらず、輪廻の主体があるのかないのかという議論には応じませんでした。

また、この世界がいつ始まったのか、終わりは来るのかといった世界の創造や破壊についての議論にも応じませんでした。そのため、仏教では、この世界は無始無終であるとの立場をとります。

お釈迦さまがこのような態度をとったのは、これらの議論は解脱のためには役に立たないと考えたからです。しかし、多くの他の宗教者たちと議論をしなくてはいけなくなった後のお弟子さんたちは、お釈迦さまのこの態度に困ってしまいました。

特に、無我については、何が輪廻をするのかという問題にかかわりますので、仏教教団内部でも輪廻の主体にかかわる多くの議論がありました。本書では、識が輪廻の主体であるとして話を進めていきます。

識には、認識と総合的な判断をする働きがありますが、アートマンのような実体はありません。識も執着と欲望の結果としてあるものです。かたまりのような感じであるものとしてイメージしていただければよいと思います。そのため、執着と欲望がなくなれば、この識は霧散してしまいます。

また、再生とは、例えて言うなら新しく星ができるようなものです。宇宙にある無数の物質が渦をまいて中心に集まって星が形成されますが、その星には中心となる実体をもったものは何もなく、あるのは熱をもった流体だけです。私たちの存在も、星のような存在だと思っていただければと思います。

この識すらも自分のものではないと観ることができれば、もはや再生はなく、解脱したことになります。しかし、私たちは、縁起の法を頭ではわかっていても、自分のものなどどこにもないと観るのは非常に難しいものです。

お腹がすいたり、自分の物が盗まれたり、人から侮辱されたりしたら、つい怒りを感じてしまいます。この怒りによって他者と諍いを起したり、仲たがいを起したりします。

この行為によって、新たな悪い業がつくり出され、延々と積み重ねてきた業の潜勢力につきまとわれて、再生を繰り返してしまうことになります。

6　四聖諦と八正道

実践の道

　では、私の存在ですら無常であると観て、そして、無明から明に転じて解脱するためには、具体的には、どうすればいいのでしょうか。

　その実践方法を説いたのが、四聖諦と八正道です。四聖諦とは、まず、一切は苦であると観て（苦諦）、その原因は欲望と執着から起こると観て（集諦）、これらを滅すれば苦も滅することを観て（滅諦）、八つの正しい道（八正道）を行ぜよ（道諦）との教えです。

　苦は、執着と欲望によって起こります。幻想を見ようとする原因とその結果によって生じるのが苦ですから、その原因と結果を正しく観ることによって解脱し、苦から解放されます。そのためには、八つの正しい道を歩むことが必要であると説かれます。

　八つの正しい道とは、解脱のための実践法です。その八つとは、正見（正しい見解）、正思（正しい思惟）、正語（正しい言葉）、正業（正しい行い）、正命（正しい生活）、正精進（正しい努力）、正念（正しい思念）、正定（正しい精神統一）です。

　ここで、苦しい時や辛い時には、「何が正しいかなんて言えるのだろうか」とか、「正しいという時点で、正誤の区別をしているではないか」と反論したくなる方もいらっしゃるかもしれません。

　しかし、お釈迦さまが八正道をせよという時、その正しさの基準は、縁起と無常と五蘊無我の教えを踏まえて、苦が無くなっているかどうかだけです。正誤の問題ではなく、実際に解脱することを目的とした正しい道を説かれていることを、忘れないようにしなくてはなりません。

瞑想と自己コントロール

　ここで、正定について少しお話をしておきましょう。お釈迦さまは、正しい精神統一をせよと言いますが、それは、瞑想によって体と心を落ち着けて、縁起を観ることを意味しています。

　瞑想のやり方は多くありますが、ここでは二つほど簡単にできるやり方をご紹介します。両者ともに自己の感情に呑まれずに、執着と欲望を起こさないための自己コントロールを行うことを目的としています。

　一つは数息観です。まず息を吐き切ってから始めて、次に吸います。ゆっくりとこれを繰り返し、呼吸に注意を向けながら呼吸の数を数えます。これだけで心が落ち着きます。ポイントは、先に息を吐き切ることです。

　もう一つは、心の中に生じることに注意を向けて細かく分析していく、気づきの瞑想といわれるものです。

　お釈迦さまは、心身の乱れを強く諫めます。極端ではありますが、起きている時も、寝ている時も、日常の自分の手足の動き、心の動きに目覚めていなさい、注意を向けなさいとも言います。

　その教えの本質は、新たな悪しき業を作り出さないために、心身の動きを自己コントロールすることにあります。怒りや悲しみの感情は、心の中で激しく蠢くものです。私たちの感情もいわば「動き」です。その感情の動きに呑まれれば、他者に罵声を浴びせ、泣き叫ぶという行動になります。まずは、自身の感情に呑まれないために、自分の心に生じてきたものを「区切り」、「名づける」ことをします。

　例えば、ワイワイ、ガヤガヤと騒音が聞こえてきたとしましょう。心の中には、「うるさいなぁ。静かにして」という気持ちが出てきます。その気持ちに、「うるさいなぁ、と思った」、「うるさい」、「うるささ」、「騒音」と区切り、名づけます。「ワイワイ」、「ガヤガヤ」と聞こえてくる音にも、聞こえてきたままに名づけていきます。

　また、「静かにして、と思った」、「静かに」、「静けさ」、「静」と同じようにしていきます。辛く悲しい時には、「なぜ、こうなったの」から、「なぜ、と思った」、「なぜ」、「なぞ」、また、「こうなったの、と思った」、「こうなった」、「こうなる」、「なる」、「ある」、「あり」と変化させます。

お気づきの方がいるかと思いますが、心の動きに名称をつけることによって、感情の動きを止めることができます。これを私は「動詞の名詞化」と呼んでいます。そして、動きが単なる名称と形態からなるものとなり、感情すら自分が勝手に作り出したものだと気がつくようになります。
　これに気がつけば、その名づけた感情は、もはや自分のものではない、流れ去る無常なるものであると、正しく観ることができるようになります。そして、自分を苦しめている感情を手放すことができるようになり、苦しみの原因が一つ減ります。
　こうすることで、心に余裕が少しできます。余裕ができれば対処法を考える力が湧いてきます。是非、お試しください。

7　仏教における輪廻転生の世界－その宇宙観－

三界

　ここまで、どうすれば個人の苦をなくすことができるのか、解脱できるのか、という問いに対するお釈迦さまの教えをみてきました。

　お釈迦さまの教え通りに精進できない場合には、延々と輪廻転生を繰り返すことになります。ここでは、愚かな有情が輪廻する世界の構造をみておきましょう。

　仏教では、世界を大きく「欲界（よくかい）」、「色界（しきかい）」、「無色界（むしきかい）」の三つに分けます。これを三界（さんがい）といいます。以下、それぞれについて解説していきます。

欲界（よくかい）（物質と欲望の世界）

　欲界には、天界、人間界、畜生界、餓鬼界、地獄界があり、後に、阿修羅界（あしゅらかい）が追加され、これを六道輪廻（ろくどうりんね）といいます。執着と欲望をやめられないものは、これらの六つの生存クラスを輪廻すると考えられています（図表２）。

　この欲界は、物質と欲望が渦巻く世界です。この欲界には大きな海があり、その中央に須弥山（しゅみせん）と呼ばれる大きな山があります。また、須弥山の周りの東西南北のそれぞれに大陸が一つずつあり、人間界と畜生界が併存しています。また、南側の大陸（贍部州（せんぶしゅう））に私たちのような人間や動物が住んでいます。

　天界は、中央にそびえたつ須弥山の山頂より上にあります。太陽と月が須弥山の周りを回っており、その須弥山の山頂付近には東西南北の４方向にそれぞれ守護天がいます。順に、持国天（じこくてん）、広目天（こうもくてん）、増長天（ぞうじょうてん）、多聞天（たもんてん）といわれる神々です。この神々のいるところを四大王衆天（しだいおうしゅてん）といいます。

　また、須弥山の山頂に帝釈天（たいしゃくてん）の住む宮殿があります。さらに、その上に、三十三天（さんじゅうさんてん）、夜摩天（やまてん）、都卒天（とそつてん）、楽変化天（らくへんげてん）、他化自在天（たけじざいてん）があります。これらの天界にいる神々は、まだ欲望をもっていますので六欲天（ろくよくてん）といいます。寿命はかなり長い場所です。

　お大師さまは、都卒天に往って、お弟子さんたちの修行の様子を見ている、

とご遺言を遺しました。その都卒天は5億7千6百万年後に人間界に下生(げしょう)される弥勒菩薩がお住まいになっているところです。

　一方、餓鬼界と地獄界は、須弥山や四大州を支える地輪といわれる大地の中（地下世界）にあります。一説には、地獄は八つの層に分かれていて、下に行けば行くほど、途方もない時間を苦しまなくてはならないとされます。また、餓鬼界は、地獄の上にあるようです。

　さて、ここまでみますと、「死後に往くといわれている極楽浄土(ごくらくじょうど)はどこにあるのか」と疑問を持たれた方がいらっしゃると思います。残念ながら極楽浄土は、この時代の仏教の宇宙観にはありません。後に大乗仏教が勃興してから、説かれるようになります。大乗仏教の世界観については第3章で触れます。

【図表2　欲界の世界】

色界（欲望を離れた世界）と無色界（物質も欲望もない霊性だけの世界）

　もはや欲望はないけれど、肉体は存在している世界を色界といいます。色界の一番下の世界が梵天で、その上に禅定の深まりを示す、初禅、二禅、三禅、四禅があります。この四禅の中の一番上にある世界を色究竟天といいます。梵天は、バラモン教の説く根本原理であるブラフマンのことですから、仏教の世界観は、バラモン教の教えをも超えていることを示しているようにも思えます。

　さらに、瞑想によって到達できる、肉体を超えた霊性だけの世界として無色界があります。この世界の一番上が非想非非想処といわれる世界です。この世界に至った時の境地は、お釈迦さまが出家された時に弟子入りした２人目の師匠が説いています。

　残念ながら、筆者は欲界をさまよっておりますので、この世界はよくわかりませんが、「想うのでもなく想わないのでもない」という無為の境地で漂う感じなのかもしれません。また、この世界を超えた先がいわゆる解脱した世界ということになります。

再び解脱とは

　私たち有情は、世界が無常であることを知らず、常に目の前に生じる現象に名称を与えて、常住（壊れない）であることを願っています。無常を知らず、常住を期待しますので、いつも裏切られて苦しいと悶えます。また、誤った認識をもって行動しますから、常に悪い業をつくり出します。

　そのため、有情は、肉体が滅んでも須弥山を中心とした世界の中のどこかの生存クラスに生まれ変わることを延々と繰り返しています。

　そして、この輪廻の世界から抜け出るための実践方法を教えるのが仏教です。しかし、お釈迦さまは、再生はしないと言っているものの、解脱後がどのような状態であるのかについては積極的に説かれていないため、解脱するとどうなるのかがよくわかりません。

　筆者も解脱を体験したことがありませんが、お釈迦さまの言葉からその状

態について考えてみたいと思います。

　お釈迦さまは「流れ去る現象を常住であると思うな」と言っていますが、流れ去る現象そのものは否定していません。

　そして、動き変化することを縁起の理法といい、その法そのものをしっかりと観ることを説きました。つまりは、アートマンという実体をもったものはどこにもなく、今ここで呼吸し、活動している自分自身ですら、流れ去る現象の一つであると如実に観るように説いています。

　そのため、解脱とは、今、悩み苦しんでいる自分そのものは、何ら実体のない、法そのものであることを観ることであり、もはや三界のいずれにも再生はしない「流れそのものになる」ことだと思います。

　この「流れそのものになる」とは、自分が世界の在り方そのものである「法」になることを意味します。

　ところで、バラモン教では、世界の在り方の根本原理はブラフマンであり、アートマンがこのブラフマンと合一することが解脱でした。自分が大いなる法になるという構造をもった、仏教における解脱論も梵我一如の構造と同じであるように思えます。

　しかし、お釈迦さまの教えの新しさは、アートマンという実体をもった常住なるものはどこにもないこと、また、個人の苦悩を滅するためには、執着と欲望によって幻想を抱くことをやめ、自己も他者も流転する現象そのものである、と観ることにあります。

　また、仏教の説く縁起の法も実体があるわけでもなく、この法は宇宙を創造した起因者でもありません。

　お釈迦さまは、あくまでも個人の苦悩を滅することに力点を置いていたように思います。しかし、後に展開された大乗仏教は衆生救済を掲げて、お釈迦さまがあまり語らなかった解脱の状態や覚りの世界を示し、仏に成ることに力点を置きます。この点を踏まえつつ、次節から大乗仏教について解説していきます。

第3章　大乗仏教の勃興

1　大乗仏教の基本理念

衆生救済のための大きな乗り物

　これまで仏教の基本的な概念について説明をしてきました。お釈迦さまの教えは、皆さんも、実践することが難しいと思われたのではないでしょうか。

　お釈迦さまは、多くの人に教えを説きましたが、どちらかといえば出家主義の色合いが強い方だったと思います。出家者には解脱を説きますが、一般の在家者には善行を行うことで、「善きところ（天界）に生まれるであろう」と説かれることが多かったようです。

　もっとも、在家者も今すぐに解脱することよりも、今生で善行を積み、何回かの再生と再死ののちに解脱することを望んでいたように思います。

　お釈迦さまがお亡くなりになってから約300〜400年後に、大乗仏教運動が盛んになります。その運動の基本理念は、出家者は宗教的哲学の議論ばかりしていないで、ありとあらゆる有情（衆生）を救うために積極的に救済活動をしようというものです。

　かつてお釈迦さまがあちらこちらに出かけて行って説法をし、苦しみの中にある有情を救う活動をしていたように、仏教徒はお釈迦さまのように他者を救済する必要があるのではないか、むしろその活動を行うことこそが如来になる道であると大乗仏教は宣言します。

　大乗仏教とは、読んで字のごとく、大きな乗り物に有情を乗せて皆を救う教えであり、如来の慈悲が強調されます。自分も解脱することを望み、また、同時に有情も救うという理念が中心に据えられました。

　この理念を自利利他、上求菩提下化衆生といいます。菩提とは、覚りのことを意味しています。

　真言密教は、大乗仏教の教えを踏まえた上で登場した教えですので、ここでは大乗仏教を理解するための基本的な概念について解説していきます。

2　如来の慈悲

梵天勧請(ぼんてんかんじょう)と慈悲による説法

「人生が自分の思い通りになるように」と願うのが人情でしょう。例えば、「病気が治りますように」、「受験に合格しますように」、「自分にとって苦しいことがなくなるように」と願うのは、当然の感情です。

そして、当時の民衆も、願いが尽きなかったのでしょう。このような民衆の願いに応えるべく、衆生救済を標榜する大乗仏教は、如来の慈悲(じひ)を強調しました。

筆者も苦しい思いをなんとかしたくて高野山に来ましたが、なかなか苦しみがなくなりませんでした。そのため、「本当に如来の慈悲があるというのなら、今すぐに、私の苦しみをなくしてください」、「無理じゃないか。慈悲なんてあるのか」と思っていました。

しかし、残念ながら、仏教でいうところの慈悲の本質は、「如来（お釈迦さま）が説法をした」ことに尽きます。問題は、受け取り手がその慈悲による説法を無明によって「理解しない」、「得心(とくしん)しない」、つまりは「聴かない」というところにあります。

ところで、仏典に梵天勧請(ぼんてんかんじょう)のお話があります。菩提樹(ぼだいじゅ)のもとで覚られたお釈迦さまは、ご自分の到達された境地を存分に楽しまれて、「私は解脱した。なすべきことはなしおえた。私は不死である」と思われたのでしょう。この言葉は初めて説法した時に仰っております。

そして、おそらく、「さて、なすべきこともなしおえたし、もういいだろう」と思っていた時に、梵天がお釈迦さまの前に顕れて「是非とも、苦しむ有情にその覚られたことを説法してほしい」と懇願しました。これが梵天勧請です。

この勧請のお話は、バラモン教の宇宙の最高原理

であるブラフマンが、お釈迦さまに頭を下げるという構図です。後の仏教徒が仏教の優位性を示すために記したものだと思われますが、その懇願に、お釈迦さまは躊躇(ちゅうちょ)されます。この躊躇が、仏教を理解する上で重要になってきます。なぜか。

　まず、この躊躇の一つには、お釈迦さまの心の中に「この深淵な教えが、欲にまみれた者にわかるのだろうか」という思いが生じたことが原因のようです。話の通じない相手に語るのは大変に骨の折れる作業です。

　最初は、躊躇されていたのにも関わらず、なぜ説法を始めたのでしょうか。諸説ありますが、筆者は次のように考えています。覚りの境地に至った時に、ありとあらゆる現象が縁起によって生じているのであれば、「自分の存在は他者の存在なくしてはあり得ない」ということを観られたのではないかと思います。

　また、縁起を徹底的に観れば、自分と他者の区別はなくなり、自分と他者は一つのいのち存在であることを観ます。そのため、苦しむ有情は自分であり、有情の苦しみは自分の苦しみであるという、他者の自己性(たしゃじこせい)を観られたのではないかと考えられます。

　さらに、自分が苦を滅したということは、同じいのち存在である他者にも本来は苦がないことを観られ、同じように苦を滅することができると考えられたのだと思います。

　この境地に至ったが故に、苦しむ有情のためにお釈迦さまは、慈悲の心をもって説法を始められたのではないかと思うのです。

　大乗仏教では、如来の大慈大悲(だいじだいひ)を強調し、仏教を学ぶものもお釈迦さまのように慈悲の心をもって衆生救済の実践を行うことを目指します。次節では、その実践について解説していきたいと思います。

3 大乗の菩薩と慈悲の実践徳目（六波羅蜜）

菩薩の登場

この時代になると、お釈迦さまのイメージが絶大なるものになります。「なぜ、お釈迦さまは覚った人（仏、如来、覚者）になったのか」という、成仏に関わる議論がなされるようになりました。

そして、民衆の間では、業と輪廻の思想が根づいていましたので、お釈迦さまも長い輪廻転生の果てに人間界に生まれることによって、如来になったと考えられました。

お釈迦さまも、人間界に生まれるはるか昔から輪廻転生を繰り返し、その間に慈悲による善行を積み、人間界に生まれて業の潜勢力が尽きた結果、成仏したのだと考えられました。

お釈迦さまの前世の物語は、ジャータカといわれる物語集に載っています。ある時は、うさぎとして生まれ、お腹をすかせた仙人に、自ら火の中に飛び込んで自身を食べ物として供養したというお話があります。

また、ある時は、お腹を空かせた虎の親子に自身を食べ物として捧げた話もあります。この話は、捨身飼虎といわれ、法隆寺にある玉虫厨子に描かれています。このように、何度も自らのいのちを差し出した末に、お釈迦さまは人間界に生まれて、覚ったとされました。

ところで、菩薩という言葉は、大乗仏教の中でよく使われます。菩薩とは、菩提（覚り）を求める有情のことで、本来はジャータカの中に登場するお釈迦さまのことを指していました。

しかし、覚りを求める有情は、何もお釈迦さまだけではなく、苦しみを滅するために仏教の教えを実践するものは、みんな菩薩であるという考え方が出てきました。そのため大乗仏教では、出家と在家に関係なく、覚りを求める人を菩薩と呼ぶようになりました。

菩薩行としての六波羅蜜

　菩薩は、如来になることを目的としていますから、お釈迦さまと同じように善行を積むことで如来になれると考えます。そのため、菩薩行として、六つの実践徳目が説かれるようになります。これを六波羅蜜といいます。慈悲の実践行といってもよいでしょう。

　波羅蜜とは、サンスクリット語のパーラミターの音写です。慈悲の実践行と考えてもよいでしょう。パーラミターとは、究極最高であるとの意味があるようですが、伝統的には「彼岸に至る行」、あるいは、「彼岸に至った」と訳されており、波羅蜜多とも音写されます。

　その六つの実践徳目をあげれば、布施、持戒、忍辱、精進、禅定、智慧です。各用語の後ろに波羅蜜がつけられ、例えば布施波羅蜜と表されます。智慧波羅蜜は、般若波羅蜜ともいわれ、覚りを完成させる智慧のことです。他の五つの実践徳目は、この智慧を得るために必要な行であると考えられています。

　そしてこの智慧とは、一切のものは空であると観ることです。空を観るとは、自分のものだと認識している自分の体や心も、すべて実体のあるものではなく、執着すべきものではないと理解することです。詳しくは後述します。

　これを会得するために、他者に積極的に自分の財産を与え、仏のお教えを説き、苦しみを除き、安心を与える活動をし（布施）、戒律を守り（持戒）、苦難に耐え忍び（忍辱）、仏道を実践し（精進）、瞑想により精神を統一すること（禅定）が菩薩行として課せられています。

大乗仏教の菩薩たち

　また、菩薩とは、他者を救済しながら自らも如来になることを求める人のことをいいます。当然、菩薩行を深く行っている人もいるはずです。本来なら如来になってもおかしくないけれども、パーラーミター、つまり、彼岸に到る前に、多くの人を大乗という大きな

乗り物に乗せて、彼岸に連れていきたい、船で渡してあげたい（度す）と願う人もいると考えられました。

その代表が、地蔵菩薩や観音菩薩などの菩薩たちです。「縁なき衆生は度し難し」という言葉は、この思想から生まれています。

菩薩の出現には、古くからの民衆の願いが根底にあると筆者は考えます。少し視野を広げますと、当時のインドの宗教界には、仏教だけでなく、民間信仰やヴェーダ聖典をあがめるバラモン教などがありました。

バラモン教は、この頃になると民間の信仰と交じりあって、現在のヒンドゥー教へとつながっていきます。昔からインドでは、根本原理としてのブラフマン、破壊の神のシヴァ、創造の神であるヴィシュヌを始め多くの神々がいました。

仏教も廃れるわけにはいきませんので、積極的にインドの神々や考え方を仏教の教理の中に取り入れていきます。例えば、ヒンドゥー教のシヴァ神やヴィシュヌ神は、様々な姿形に変化して民衆の前に現れますが、仏教の観音菩薩（観世音菩薩）も、馬頭観音、救世観音、十一面観音、千手観音など、多くの姿に変化します。

ちなみにヒンドゥー教では、お釈迦さまはヴィシュヌ神が変化した神であると考えられています。

大乗仏教も衆生救済を謳いますから、当時のインドの宗教的世界観を取り入れつつ、仏教の教えを広めていったのだと考えられます。

4　大乗仏教の哲学

慈悲の実践を支える哲学

　大乗仏教は、慈悲の実践を行うことを強調しました。その背景には大乗仏教ならではの哲学があります。他者を救済しつつ自らも如来となる思想を支える哲学として、空、唯識と瑜伽、如来蔵の三つをここでは解説したいと思います。

空の思想

　大乗仏教は、般若の智慧を強調し、その智慧の中核的思想として空の思想を打ち出します。空の思想とは、一言でいいますと、すべての存在はなんら実体をもたず、互いに関係しあっている相互依存によって「存在しているかのようにみえる」という思想です。

　例えば、「右手と左手を叩いた時に聞こえる音は、どちらの手から出たのか」という問いがあります。その音は右手と左手がなくては出てこない音です。音だけがあるわけではありません。

　このように、何かがなければ現象が生ずることはなく、また、他のものからなんの影響も受けずに単体で実在しているものはない、というのが空の思想です。

　空の思想は、基本的には、お釈迦さまの縁起の教えと変わりありませんが、少しだけ違いがあります。お釈迦さまの縁起の教えは、個人的な苦しみを滅するために、心に生じる苦しみの原因を一つ一つ観て、因果の連鎖に気付いていくことに力点が置かれています。これは原因と結果という時間軸上で語られていました。

　しかし、空の思想では、時間的な因果論だけではなく、縁起の連鎖をすべての現象の在り方にまで広げました。つまり、流れ去る現象を、時間だけでな

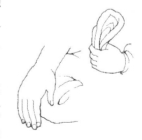

50　第3章　大乗仏教の勃興

く空間的にも捉えるようになりました。縁起の教えも広げて考えていけば、すべてが原因でもあり結果にもなります。

　空の思想は、縁起の教えと比べて、すべてのものがお互いに関係し合う共生関係に力点を置いたところに特徴があります。

　このような空の思想が強調された理由の一つには、あれだけお釈迦さまが「すべてのものは無常であり、壊れないものなどない、実体のあるものはなく、流れ去る現象に執着するな」と言っているにも関わらず、お釈迦さまが亡くなられてから、この法は実在するという論を立てるグループが現れたことが挙げられます。

　その有名なグループとして説一切有部（せついっさいうぶ）があります。彼らは、要素の集まりである有情には、実体のあるアートマンはないが、世界を構成する物質的要素や縁起の法は実在すると主張しました。これを人空法有（にんくうほうう）といいます。

　しかし、法を実在すると認めてしまうと、無常ではなくなってしまいます。これはお釈迦さまの教えに反します。そのため、法とは流れ去る現象であることを強調するために、空の思想が登場しました。人も法も空なので、これを、人法二空（にんぽうにくう）といいます。

唯識（ゆいしき）と瑜伽（ゆが）と如来蔵（にょらいぞう）

　インドには、仏教以外にも多くの宗教がありますが、主としてヴェーダ聖典を根本におくバラモン教徒と大乗仏教徒の間とで、教義をめぐって論争が繰り広げられました。

　業と輪廻転生はインドの基本的な世界観ですが、仏教では輪廻の主体としてアートマンのような実体のあるものは無いとし、その代りに識を設定していました。

　この識とは、認識作用の集まりで実体はありません。そして、この識の解脱についての思索を重ねていきました。

　その結果、簡単にいってしまえば、識には「思い通りにしたい」、「これは私のものである」、「これは私である」などの、どうしようもないほど執着し続ける部分があり、その識は、通常では認識しえないほどに根深いところにあると観ました。

これは、あらゆる存在を生じる力であり、植物の種に喩えられ、種子といわれます。また、根本識ともいわれ、お釈迦さまの教えを理解しない、根本的な無明を意味します。

そして、この識があり続ける限り、私たちは、実体のない現象に名称を与え、形態があると思い込んでしまいます。その結果、肉体が滅んでも、また新たな肉体に宿ることを繰り返してしまうと考えました。

そのため、世界の中で苦しみ続ける根本的な原因は識にあり、識には認識作用がありますから、すべての現象はそれを認識する識が作り出した幻影である、という考えがでてきます。これが唯識説です。

また、「実体などない」という教えが仏教ですから、この根深い執着と欲望のかたまりである識も空であると観ればよい、ということになります。その空を観るための瑜伽、つまり精神統一を行うための方法も考え出されました。

その中の一つに、心に如来を念じながら名を称えるという念仏の方法も登場してきます。口に如来の名を称え、心に如来を観想し、神秘的体験を通じて一切は空であると観ることができると考えられています。やがてこれが真言密教の三密行（瑜伽行）につながっていきます。

また、法を観るのが如来ですから、執着と欲望をもつ私たち有情は、これまでの業と無明によって、如来になっていないだけであり、もともと私たちは如来になることができる力をもっているはずである、という考えが出てきます。これを如来蔵思想といいます。文字通り、如来になる力を自分の蔵の中にもっているいう考えです。

そして、私たちの体や心は、執着と欲望に覆われているだけであり、もともと穢れの無い清浄な存在である、すなわち自性清浄であることがいわれるようになります。

この思想は泥の中からきれいな花を咲かせる蓮の花に喩えられますので、仏教では蓮華が重宝されます。

5　大乗の無数の如来と法身(ほっしん)

無数の如来と浄土

　菩薩の数が増えるとともに、如来の数も増えます。例えば、薬師如来(やくしにょらい)や阿弥陀如来(あみだにょらい)などがそうです。

　輪廻転生の世界観では、覚った人は過去にもいたはずで、もちろん、未来にもいるはずだと考えられるようになります。真理は普遍的なものですから、お釈迦さまもその真理に目覚めた内のお一人であると考えられるようになりました。

　仏教における真理とは、永遠に流転する縁起の法です。法は現象そのものの本体で、お釈迦さまがこの世に生まれて説法を始めなくても、もともとあるものだと考えられました。この法に目覚めた人はみんな如来ですから、無数の如来がいることになります。

　ところで、大乗仏教以前の宇宙論は、須弥山を中心とした三界から解脱することが説かれていましたが、当時からこの須弥山世界は無数にあると考えられていました。そして、この須弥山世界を千集めたものを小千世界(しょうせんせかい)、さらに、この小千世界を千集めたものを中千世界(ちゅうせんせかい)、この中千世界を千集めたものを大千世界(だいせんせかい)といいます。これらを集めて三千大千世界(さんぜんだいせんせかい)といい、一つの仏国土とされます。この大きさは、一人の如来が教化できる範囲であるとされます。

　特に、私たちが生きている三千大千世界は娑婆世界(しゃば)ともいわれています。娑婆は、忍耐を意味するサンスクリット語のサハーの音写です。私たちの住む世界は苦しみが多く、忍耐を要するために娑婆という表現がなされたようです。

　そして、大乗仏教になるとこの三千大千世界が無数にあることになりました。そして、多くの如来たちがそれぞれの仏国土をもつと考えられ、浄土思想が生まれます。浄土とは如来が統べる一つの仏国土で、西方には阿弥陀如来の浄土があり、東方には薬師如来(やくしにょらい)の浄土があります。

　もちろん、私たちの住む娑婆世界には釈迦如来、つまり、お釈迦さまがい

ました。現在はお釈迦さまがいない時代ですが、後に弥勒菩薩が如来として下生されることが約束されている世界です。

そのため、極楽浄土に往生(おうじょう)するという場合は、私たちが住んでいる三千大千世界ではなく、阿弥陀如来がいる別の世界に生まれ変わって往くことになります。そして、阿弥陀如来のもとで修行をして解脱をするという構造になっています。

法身(ほっしん)

法があるが故に、お釈迦さまをはじめとした多くの如来が覚り、菩薩がその橋渡しをすることができるわけですから、次第に如来を生み出す本体としての法が強調されるようになりました。そして、法のことを法身(ほっしん)と呼ぶようになりました。

さらに、無数の如来と無数の浄土が出てきましたので、それを統括する世界も要請されるようになりました。そして、その世界そのものが法身であり、その具現化されたもの（報身(ほうじん)）として毘盧遮那如来(びるしゃなにょらい)が登場しました。

毘盧遮那如来で有名なのが、東大寺の大仏です。毘盧遮那とは、サンスクリット語のヴァイローチャナの音写で、普(あまね)く光輝くという意味です。法という真理が光で象徴されるようになります。

毘盧遮那如来が統べる無数の如来たちの世界は、蓮華蔵世界(れんげぞう)と呼ばれます。大仏が座られている台座は、仏教を象徴する蓮華の花です。その花びら一枚一枚には一つの三千大千世界が描かれています。

このような世界観が強調されたのには、大乗仏教が衆生救済を根本理念においていることと関係があるようです。今苦しんでいる有情は、難解な存在論や認識論よりも、覚り体験や真理そのものが提示され、救われること、すなわち成仏することを求めていたからだと思います。

大乗仏教の特徴は、お釈迦さまが覚った世界とは何かを表現し、お釈迦さまになる方法（成仏）を説くことに力点が置かれたことにあります。また、法身やそこから生じた如来や菩薩による救済が強調されたことにあるといえるでしょう。

6　ことばへの信仰－真言と宣誓－

願いと真言

　古代インドでは、リシと言われる宗教的天才が、大いなるものから感得し得たことばを綴って、ヴェーダ聖典を作成してきたことを先に書きました。仏教も、この根底に流れる思想とは無縁ではありません。真言密教の真言とは、リシが感得したことばであり、宗教的神秘体験によって顕現された音の集まりで、何かしらの力をもっていると考えられている呪文です。

　真言は、インドラ神を讃嘆することばに始まり、神々に何かを祈願する時にも用いられてきました。しかし、お釈迦さまは、このような真言を唱えることは禁止しました。

　神々と交渉するために真言を唱えることは、神々に何かを願うことになります。そもそも執着や欲望が根底にあるからこそ、私たちは願いますから、真言を唱える時点で執着と欲望があることになります。

　くどいようですが、お釈迦さまの教えは、「思い通りにならないことは苦である」でした。苦からの解放は、「思い通りにならない」ことをそのまま観ることでした。したがって、何かを願って真言を唱えることは、新たな苦しみを作り出していることになり、仏教の教えに反することになります。

　一方、社会の民衆は、日々の生活の中で肉体的、心理的な苦しみを感じています。常識的に考えて、それを「苦であると観なさい」といわれても、飢えや貧困、暴力などがなくなるわけではありません。民衆としては、即効性があり、力があると考えられる真言を唱えることのほうが、救済につながると考えるのは無理もありません。

宣誓とことば

　また、ことばには力があるという信仰のため、何かを願って誓ったことばには、それを成就する力（叶える力）があると考えられていました。大乗仏教は衆生救済のために、ことばへの信仰を積極的に取り入れていきました。

例えば、阿弥陀如来は、如来になる前は法蔵という名前の菩薩でした。そして、「苦しむ有情を救いたい」、「自分の名を称えるものは皆、救うぞ」という宣誓をします。法蔵菩薩は修行の末、有情を皆救ったことで見事に阿弥陀如来になられました。

　法蔵菩薩であった時に立てた誓いが成就されたことで如来になられたということは、すでに阿弥陀如来の誓い通りに「皆、救われている」ということになります。

　また、「南無阿弥陀仏」と名を称えることで、誓った通りに阿弥陀如来が助けに来てくださることも、当然のことになります。筆者は、これを「宣誓の思想」と呼んでいます。

　阿弥陀如来の本願は、この思想を基本としています。ちなみに、親鸞聖人は、「南無阿弥陀仏」と自然に口をついて出てくることそのものが、阿弥陀如来の救いであると仰っています。

　また、観音信仰もこの思想の流れにあります。観音菩薩は、観世音菩薩（観自在菩薩）ともいわれ、自由自在に観察する力の持ち主です。『観音経』によれば、苦しんでいる人が一心に観世音菩薩の名を称えれば、観音さまが即時にその声を観て、解脱させてくれる、つまり苦しみを抜いてくれると説かれています。観音さまの名前自体が、力をもったことばということになります。

　この『観音経』は、『法華経』の中にある「観世音菩薩普門品」という章を抜き出したもので、真言宗の夕方のお勤めで僧侶が読誦している経典です。

　このように、大乗仏教の中には、古代インドのことばへの信仰が根づいています。

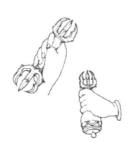

56　第3章　大乗仏教の勃興

7　授記(じゅき)思想

師匠から弟子への授記

　大乗仏教は、真言だけでなく、インド古来の宗教的世界観も融合していきます。例えば、弥勒菩薩は、仏滅後5億7千6百万年後に都卒天から人間界に下生(げしょう)して覚ることになっていますから、未来仏(みらいぶつ)ともいわれます。

　なぜ、弥勒菩薩が未来で覚るのかといいますと、理由はわかりませんが、既にお釈迦さまから如来になることを約束されているからです。これを「授記(じゅき)思想」といいます。

　お釈迦さまも過去世(かこぜ)において、既に覚った先輩の如来から授記されています。自らが修行して覚るのが仏教だと思われる方は、不思議に思われるかもしれません。

　しかし、インドの宗教的思想の根底には、秘奥中の秘奥の教えは師匠から弟子に伝授されるという構造があります。例えば、ウパニシャッドの中にも、父から息子が「汝はまさにそれである」と、自分の在り方が宇宙の根本原理と同じであるという宣言を受け、奥義を伝授されるという記述があります。

　これは、他者から自己の在り方を承認され、約束される構造です。授記も、先の如来から宣言されるわけですから、覚るためには先に真理を観て覚った師からの承認が必要であるともいえるでしょう。

　また、お釈迦さまが初めて説法した時には、コーンダンニャというお弟子さんが、わずか数日で、「コーンダンニャは覚った。コーンダンニャは覚った」

と、お釈迦さまから承認してもらっています。

　私は、これも授記思想のように思います。なぜならコーンダンニャさん自身は、覚ったとは言っていないからです。コーンダンニャさんの覚りは、お釈迦さまによって承認されて初めて成立します。ここでも、師から承認されるという構造があるように思います。

　では実際のところ、お釈迦さまは、どうだったのでしょうか。お釈迦さまは、最初の説法を始める前にある出家者と出会い、「自分は解脱した、師はいない」と語りますが、その出家者からは「そうですか」という感じで相手にされませんでした。

　その後、昔の苦行仲間のもとに行って説法をし、皆から「その教えは素晴らしい」と「受けいれてもらった」のです。ここにも承認されるという構造が見て取れます。この師匠から弟子への授記、または、宣言や承認の構造も真言密教を理解する上での重要なキーワードになります。

　これまで見てきましたように、大乗仏教はお釈迦さまの教えを堅持しつつ、衆生救済を謳（うた）い、インド古来の宗教的世界観を大々的に取り入れていきます。

　特に、ことばへの信仰や授記思想などは、ヴェーダ聖典由来の教えです。また、教理面においては、空、唯識、如来蔵などの大乗仏教ならではの思想が生まれます。

　これらの流れを統合する形で、いよいよ真言乗、すなわち、真言密教が登場します。

　次章では、大乗仏教から生まれた真言密教の世界について解説していきます。

第4章　真言密教のエッセンス

1　大乗仏教と真言密教との違い

時間的世界から空間的世界へ
① 三劫成仏(さんごうじょうぶつ)

　大乗仏教は、衆生救済を基本的理念に据え、多くの仏菩薩が有情を覚りの世界へと導くことに力点が置かれていました。そして、無限の時間を流転する中で、菩薩道を歩むことを強調しましたが、やはり解脱するには気の遠くなるほどの時間が必要とされました。これを三劫成仏といいます。

　劫(こう)とは、古代インドにおける時間の単位です。一説には、一劫(いちごう)は現代の時間に換算すると43億2千万年になります。これは、梵天界のわずか半日の時間だといわれていますから、三劫とは途方もなく長い時間であることがわかります。

　このような考えが主流になったのには、ジャータカの影響やお釈迦さまの偉大さが強調されたことが要因であると思います。苦しむ民衆にとっては、長い時間をかけてでも善行を積み続けることで、いつかは解脱できるという教えは大きな救いとなるでしょう。少なくとも、来世は善き世界に生まれ変わりたいと願うものです。

② 今生(こんじょう)での覚り

　ところで、皆さんは、五百羅漢(ごひゃくらかん)という言葉を聞いたことがあるのではないでしょうか。五百羅漢とは、お釈迦さまの説法を聴いて解脱した500人のお弟子さんたちのことです。お釈迦さまと同じく、如来と表現するのはさすがに気がひけたのでしょうか、お弟子さんで解脱した人は、阿羅漢(あらかん)といわれていました。

　しかし、常識的に考えて、500人もの人がこれまで延々と生死を繰り返しながら菩薩行をして、お釈迦さまの教えを聴いたから覚ったとは少々考えにくいですね。

　また、お釈迦さまも、覚る前は当時の修行法に明け暮れ、肉体を痛めつけていました。例えば、粘土で口、鼻、耳をふ

さぎ、完全に呼吸ができないようにした状態で水の中に入ることや、何日も食事をしないでガリガリに痩せていくといった苦行です。

しかし、お釈迦さまは、肉体を痛めつけていたのでは「私の心は落ち着かない、精神統一ができない」と気がついて苦行をやめます。そして、体に栄養をつけるためにごはんを食べて、静かに瞑想をして覚ります。

筆者の個人的な考えですが、その後の説法で、お釈迦さまは、縁起の法と八正道を説かれたわけですから、輪廻転生を繰り返して菩薩行を延々と行い続けた末に覚ったとは考えにくいです。

③ 時間的把握から空間的把握への大転換

この観点から、真言密教の教えを学んでみますと、長い時間をかけて菩薩行を実践する大乗仏教の時間の概念を、大転換する考え方が、基本にあることに気がつきます。

少し詳しく解説しますと、真言宗の根本経典（こんぽんきょうてん）の一つに『大日経（だいにちきょう）』があります。正式名称は、『大毘盧遮那成仏神変加持経（だいびるしゃなじょうぶつしんぺんかじきょう）』といいます。大毘盧遮那如来は、毘盧遮那をさらに偉大にした如来で、太陽のように全身から光を発して、ありとあらゆる暗闇を除く如来です。すべての存在を統べる法そのものであるため、法身大日如来（ほっしんだいにちにょらい）と呼ばれます。

『大日経』は、その大日如来が説く経典ですが、この中に私たちの欲望にまみれた心の在り方を説いた「入真言門住心品（にゅうしんごんもんじゅうしんぽん）」、略して「住心品（じゅうしんぼん）」があり、そこに「三劫段（さんごうだん）」といわれる部分があります。

大乗の菩薩は三劫をかけて成仏すると考えますが、『大日経』では、三劫は時間ではなく、執着から離れていく三つの段階であると説きます。

一劫目は、五蘊無我であることを理解しますが、法は実在すると思っている段階（人空法有）です。二劫目は、法も実在しないこと、無常であることを理解する段階（人法二空）です。三劫目は、自分自身にどうしても執着してしまう奥底のさらに奥にある根本的な無明に気がつく段階です。この段階を超えれば、世界の在り方そのものを理解し、自身がその法と同じであり、自性清浄（じしょうしゅうじょう）であることを観る覚りの境地に至ります。

1　大乗仏教と真言密教との違い

つまり、覚ることを時間ではなく、気づきの段階として捉えることに大転換したわけです。もっとも、執着と欲望にまみれた有情は、これらを理解できるようになるのに時間がかかります。しかし、この三つが理解できればすぐに覚って仏に成ることができるわけですから、時間を超越したといってもよいでしょう。

　なぜ、このような大転換が行われたのでしょうか。お釈迦さまの説法にすでに答えがあるように思います。縁起の法は、原因と結果で語られていますので、時間の概念があります。お釈迦さまは、人生で生じる出来事や心に生じてくるものを正しく観て、その生じてきたものに執着と欲望を起こさないことを説きました。

　流転するものに、執着と欲望という原因を起こすが故に苦しみという結果が生じると言っているわけですから、解脱に至る方法は、執着と欲望によって引き起こされる原因と結果という、自分の心の中の時間の流れを止めることだともいえます。言い換えれば、お釈迦さまは、自らが時間を作るのではなく、流れ去る時間そのものである、自分自身を観ることを説いたのだともいえます。

　また、そもそも大乗仏教の空の思想も、すべての現象が互いに関係し合い、影響しあっているだけで、実体をもったものは何一つないといいます。そして、この思想は、現象の在り様を正しく観ることしかいっていませんから、時間の概念は、あまり関係がありません。

　しかし、大乗仏教は、気の遠くなるほどの時間をかけて菩薩行をすることを強調してしまいました。そのため、真言密教はこの空を徹底的に観て、即座に成仏できると高らかに宣言した教えともいえるでしょう。その意味では、お釈迦さまの教えに戻ったともいえます。

発想の逆転－菩薩の道と如来の方便－
① 本来は如来という視点
　解脱に至るための悠久(ゆうきゅう)の時間という概念を取り払った真言密教の背景にある思想は、空という縁起の法を観ることに尽きます。ここで私たちの在り様をみてみると、意識が先にあって、私たちがいるわけではないことに気がつ

きます。存在する自分があって、初めて自分の存在が意識されるのが私たちの在り様です。

　つまり、私たちが苦しいとか楽しいと意識する前に、自分は存在し、あらゆる感覚を体験しているわけです。自分が望もうと望むまいと、自分の存在が先にあるという現実があります。

　同じように、法も私たちがどのように感じようとも、また、どんなに人生でのたうちまわろうとも、お構いなしに流転し続ける在り方です。そして、その法の流れの一部の中に私たちは形あるものとして在ります。

　この状態を正しく観れば、自分は法の中にあり、その流れと何ら変わらない生き物であることに気がつきます。したがって、「私は法であり、法は私である」ということがしっかりわかった時、解脱することができます。無常や五蘊無我の教えは、このことを観るための教えでした。

　ところで、法は自分である、ということを観た者が解脱者であるということは、あらゆる有情は、お釈迦さまと同じように如来になれる可能性があると考えるのが如来蔵思想でした。そもそも自分が法に気がつこうが気がつくまいが、すでに自分が流れの中にあるわけですから、自分はもともと如来であることになります。ただ、気がついていないだけなのです。

　このことを真言密教は高らかに宣言しました。本来、如来であるのだから、後は気がつくだけだという教えが真言密教です。どうしようもなく悪い者でも、ものすごく徳の高い者でも、「みんな如来である」というところから始まる考えなのです。

② 三句の法門

　そして、自らが如来であるという自覚をもった時が覚りであり、その自覚者の行為は如来の行い、つまり衆生救済の慈悲の実践であるとしました。

　ここに大乗仏教と真言密教との間に決定的な違いが生じます。執着と欲望のかたまりである有情が、六波羅蜜の行を続けて如来になろうとすることが大乗仏教の菩薩の道でした。

　しかし、真言密教では、自分が如来であることを自覚した者は、お釈迦さ

まがされたように、慈悲の心によって、苦しむ有情をみれば「自然に助けてしまう」のです。

つまり、真言密教では、菩薩行は目標ではなく、すでに如来になった結果としての行為であると考えるのです。この考えを端的に表したものが、『大日経』の住心品に説かれている「三句の法門」です。

> 「菩提心を因と為し、大悲を根と為し、方便を究竟と為す」

三句の法門とは、大日如来が覚りとは何かと聞かれて答えたものです。その答えの内容は、「菩提心、つまり、もともと覚っている心によって生じる慈悲から顕現される、他者を救済する言葉や行動（方便）によって示されるものが覚りである」です。

③ 菩提心

三句の法門に説かれる菩提心は、真言密教における重要なキーワードです。その意味するところは、二つあります。一つは、覚りを求めようとする心です。もう一つは、覚りそのものの心です。もともと私たちは如来ですから、両者は本来同じなのですが、愚かな有情は自分が覚っていることに気がついていないために、覚りを求めようとする菩提心しか見えません。

一方、菩提心の在り様をすでに知っている者が如来であり、その者が発する言葉や行動は如来の行為となります。つまり、お釈迦さまと同じ行為ができるものは、すでに如来であるとみなされます。

このように大乗仏教とは180度転換された視点から教えを説くのが、真言密教の教えです。もっとも、現実的には、なかなかこの境地に至るのは難しいため、やはり覚りを求める心から始まることになると思います。

覚りを求める心によって慈悲の実践を行いますし、覚っている心に気がついている人は、自らお釈迦さまと同じように慈悲の心で人助けをしますから、結果としてはどちらも同じです。このような考え方を「不二」といい、真言密教の特徴の一つでもあります。

2　真理の体験のために－即身成仏－

真言密教の究極的な教え

「私は如来である」ということに気がつくことが、真言密教の究極的な教えです。そして、今生でこの身のまま仏に成る、すなわち、解脱できることを前面に押し出します。これを即身成仏といいます。

この即身成仏の教えを理解するためには、六大、四曼（四種曼荼羅）、三密という三つのキーワードを理解する必要があります。この節では、これらのキーワードについて解説していきます。

六大－私たちの存在について－

① 自分はあるのかないのか

これまで、縁起や五蘊無我、無常、空を解説してきましたが、わかったのかわからないような、曖昧模糊とした感覚をもたれた人が多いのではないでしょうか。無我や空の教えは、「何もない」といっているわけではありません。これまで書いてきましたように、流転する世界の中に、「悩んでいる私」、「苦しい私」とか、「幸せな私」などと名前のついた実体をもった存在はない、といっているだけです。すべては、関係し合う大いなる存在の在り方が「ある」だけ、というお話です。

筆者も普通の人間ですので、執着も欲望もあり、苦悩もあります。高野山で学び始めた時には、「空、無我とはなんだ。現に、苦しい私がいるじゃないか。ちっとも楽にならない」とひとりでブツブツと怒っていました。

また、お釈迦さまが、死の前に「自燈明、法燈明」という言葉を遺されました。他者をたよりとせず、自己を拠り所とし、法を拠り所とせよ、という有名な言葉ですが、ここでは自己をたよりとすることがいわれています。「私など在りもしない」といいながら、その一方で、その自己を拠り所とせよと

いいますので、これは大きな矛盾を含んだ教えであると思っていました。
② 何でもありの大肯定の世界
しかし、よく考えてみれば、苦しみ悩む自分がいるのも、現実的な感覚として認めざるを得ず、その在り方自体は現象として存在しています。そして、その現象に拘ることをやめるのも、まぎれもなく苦悩する自分です。

つまり、自燈明、法燈明とは、悩み苦しむ自分自身が法そのものであり、悩み苦しむことをやめるのも自分であり、法であることを意味しています。

そして、いのちある自分が在ることは、「悪いことでもなく、善いことでもない」といっているだけだということがわかります。つまり、最終的には、なんでも「あり」なのです。空とは、なにも存在しないのではなく、空だからこそ私たちが存在し、覚りの境地に至ることができるのだと説きます。

仏教は、無常を強調し、一切は苦であると観ます。ですから、そのような苦しい世界にはもう居たくない、あの世に往きたいという思いを助長する教えであるかのように誤解されます。

一切は苦である人生を生きることは無意味であり、苦しみを断つためにはこの世から存在を消せばよい、という考えに至らせてしまう、否定的な世界観を教えているように思われがちです。

しかし、なんでも「あり」の世界観は、すべての現象があってもよいのですから、現象する世界はすべて肯定されて然るべきことを意味します。そもそも、お釈迦さまが、覚った後も自身の寿命が尽きるまで説法し続けたのは、生きることを肯定していたからだと思いますし、生き物を殺すこと、他者に自分を殺させることを禁止しています。そのため、仏教は生き続けようとするいのちを大いに肯定する教えであると思います。

③ 六大
真言密教は、いのちを大肯定する世界観として、六大という考え方を示します。

六大とは、いのち存在を六つの要素で表したもので、地、水、火、風、空、識で表されます。これまで五蘊無我でいのち存在のことを説明してきましたが、五蘊無我はどちらかというと認識論的観点からの説明が主

になっているように思います。

　一方、六大は、存在論的観点から説明します。例えば、私たちには骨がありますが、骨には固いという要素があります。これが地に相当します。また、血液、唾液、涙などの液体は、水の要素があります。同じように、体温という温かみは火の要素、呼吸は風の要素、口、鼻、目、耳、毛穴といった外界と交流する穴や、私たちが生きている空間としての空の要素（虚空。空の思想とは意味が異なります）、そして、思い考え、対象を認識する働きをもつ識です。この六つの要素で、私たちの存在は構成されると考えます。

　この六大で構成されているのは、何も私たち人間だけではありません。よくよく観れば、ありとあらゆる生き物はこれらの要素で構成されています。宇宙ですら空間があり、熱風や固い鉱物などを含んでいます。とするならば、ここで宇宙にも識があるのかという問題が生じます。

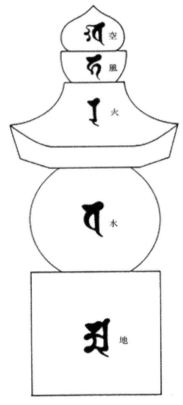

【図表３　六大の供養塔】

　真言密教には、「転識得智（てんじきとくち）」という概念があります。これは、識が迷いから完全に目覚めた時に智になることを意味します。

　この智は、お釈迦さまが到達されたすべてを観る智慧のことを指します。そして、お釈迦さまも六大で構成されていました。

　覚る前のお釈迦さまにも識がありましたが、覚られた後は、智慧をもって法を説かれました。有情はみんな縁起によって構成されると説かれますから、識は智でもあります。そのため、宇宙にも識、そして智が遍満していることになります。

　この六大の思想によって作られて

いるのが墓地にみられる供養塔や卒塔婆の形です（図表３）。故人も六大で表すことができ、下から、地、水、火、風、空となります。成仏していれば、識は智となって世界と一体化します。

識は、私たちの存在と認識の主体であり、執着と欲望から離れることができれば、如来の智慧になります。問題は、執着と欲望があるが故に、そのことに気がつかないことだと真言密教は説きます。

四曼（四種曼荼羅）

真言密教では、覚りの境地（真理の世界）を積極的に示そうとしますが、その境地は普通の人間の言葉では語ることができないために、図像で示します。その境地を表したのが曼荼羅です。

曼荼羅とは、サンスクリット語のマンダラの音写です。輪円具足とも漢訳され、本質的なもの、集合という意味があります。お大師さまが唐から持ち帰られた曼荼羅には、胎蔵生曼荼羅と金剛界曼荼羅の二つがあります。

また、四曼とは、真理の世界を四つの相から表したもので、尊像で表現される大曼荼羅、尊像の持ち物やシンボルで表現される三昧耶曼荼、真言で表現される法(種子)曼荼羅、仏像で表現される羯磨曼荼羅があります。胎蔵生曼荼羅と金剛界曼荼羅のそれぞれに四種類の曼荼羅があります。以下に説明をしていきましょう。

① 胎蔵生曼荼羅

胎蔵生曼荼羅は、『大日経』に説かれている曼荼羅世界を図像化したものです。この曼荼羅は、12の区画に分けられており、中央の四角で囲まれた部分を中台八葉院といいます（図表４）。ここには八枚の蓮

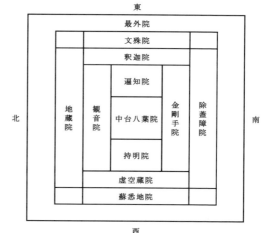

【図表４　胎蔵生曼荼羅の構造】

華が描かれ、その中央に大日如来が座しています。

この中央にある大日如来から、東南西北の方向に如来が現れます。順に、法幢如来、開敷華如来、無量寿如来（阿弥陀如来）、天鼓雷音如来が配置されています。

その如来の間から、南東に普賢菩薩、南西に文殊菩薩、北西に観音菩薩、北東に弥勒菩薩の四体の菩薩が現れるという配置になっています（図表5）。

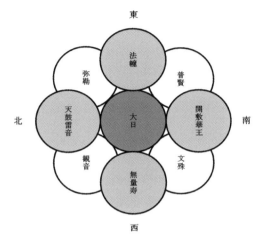

【図表5　中台八葉院の如来と菩薩の配置】

細かな曼荼羅の説明は他の良書に譲りますが、一点だけ重要な視点を記します。

胎蔵生曼荼羅の一番外側の四角に区角さている部分を、最外院といいます。ここには、バラモン教の神々や天界以下の執着と欲望の世界に住む有情が描かれています。この曼荼羅は、普遍的真理である大日如来からあらゆる仏菩薩が生み出され、そして、執着と欲望をもったものたちも生み出されていることを表しています。

そのためこの曼荼羅は、あらゆる現象は大日如来から生み出され、すべてのいのちはみな大日如来であるという世界観を表しています。

② 金剛界曼荼羅

一方、金剛界曼荼羅は『金剛頂経』をもとに作成されたもので、九つの曼荼羅が三つずつ並べられたものです。この曼荼羅は、瞑想体験を示したもので、中央の成身会がもっともその世界をよく表しています（図表6）。

この成身会でも、大日如来を中心として、東南西北に大日如来から生み出された如来が配置されています。順に、阿閦如来、宝生如来、阿弥陀如来、不空成就如来です。更に、それぞれの如来が、また東南西北に菩薩を生み出しています。金剛界曼荼羅では、胎蔵生曼荼羅とは逆に、東が下になってい

ます。

　金剛界曼荼羅では、自分の本質が大日如来であり、その具体的な顕現として仏菩薩が生み出されます。その各々が自分の分身であり、互いに尊重し、礼拝(らいはい)し合うという世界観を表しています。この世界が、「相互供養(そうごくよう)」、「相互礼拝(そうごらいはい)」です。どのような有情であっても、仏菩薩の徳を備えた者として供養、礼拝し合うという世界観です。

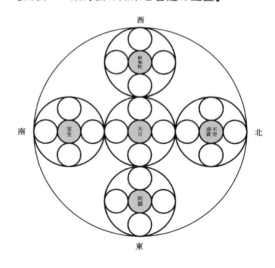

【図表6　成身会の如来と菩薩の配置】

③　大曼荼羅(だいまんだら)、三昧耶曼荼羅(さんまやまんだら)、法(種子)曼荼羅(ほう(しゅじ)まんだら)、羯磨曼荼羅(かつままんだら)

　この二つの曼荼羅を尊像で描いたものを大曼荼羅といい、現象するレベルでの世界の在り様を示したものです。そのため具体的な姿形で描かれています。よく本などで紹介されているものが大曼荼羅です。

　一方、三昧耶曼荼羅、法(種子)曼荼羅、羯磨曼荼羅は、順次、真理の世界に至っていく、三つの異なるレベルでの世界の在り様を示したものです。

　三昧耶曼荼羅は、仏菩薩の働きや在り様を象徴する事物、例えば、仏が結ぶ手の印や、持ち物などで表されます。法曼荼羅は、仏菩薩の本質的な働きや在り様を表す真言を梵字一字(または二字)で表したものです。

　また、その各々が流れる動きが、羯磨曼荼羅です。羯磨とは、業(カルマ)を音写したものです。業は流れる動きであるため図像では表せませんが、立体的な仏像を配置することで表現することもあります。この四つの曼荼羅が、世界の在り方のすべてを表現しています。

　このような曼荼羅が表す世界観は、水をイメージすると理解がしやすくなります。仏教では、万物流転する存在の在り方を法としています。いのちある生き物は、その流れの現象が具体的に形あるものになったものとして捉え

ますが、その様相にもレベルがあります。

　例えば、水は化学記号では H_2O で表されますが、私たちには、氷や雨、そして、雪などのように見えます。このように分子構造は変わらなくても水の見え方が変わります。これが大曼荼羅に相当します。また、水の働きとして、飲料水や防火用水として使うことができ、具体的には、蛇口や消火栓として表すことができます。これが三昧耶曼荼羅に相当します。

　そして、水を「水」という漢字や「H_2O」という化学記号で表すのが、法曼荼羅に相当します。さらに、水は雨として大地に降り注ぎ、川となって海に流れます。そして、海から水蒸気となって雲になり、再び、雨となって大地に降り注ぐという一連の流れがあります。この流れが羯磨曼荼羅に相当します。

　四曼について一通りみてきました。ここで、法曼荼羅が梵字で表されることについて説明します。真言の説明にありましたように、もともとインドの宗教的世界観には、ことばへの信仰がありますから、仏菩薩たちの在り様を真言で表し、それを梵字一〜二字で示します。

　ちなみに、すべての存在の根本である大日如来は、「阿(あ)」で表されます。真言密教には、阿字本不生(あじほんぷしょう)という用語があり、「阿字(あじ)は本(もと)より生(しょう)ぜず」と読みます。この言葉は、作り出されたものではない、おおもとの在り様という意味です。そして、すべてのものは、阿から生じ、阿に還るという世界を意味しています。

　仏教は、世界の始まりも終わりについても議論せず、有情は無始無終(むしむしゅう)の世界、つまり、無限の始まりから無限の終わりを流転すると考えます。その流れそのものが法でした。阿字本不生は、この法と同じ意味です。阿は永遠の時空間であり、始まりでも終わりでもありません。自分という形あるものが本不生、すなわち、大日如来と同じであると観た時に、死を超え、不死

であるとはっきり認識します。なぜなら、もともと阿だからです。

真言密教の世界には、お釈迦さまが宣言した「なすべきことをなしおえた。私は不死である」との言葉がしっかりと入っていることがこれでおわかりいただけたのではないでしょうか。

三密

密教は秘密の教えですから、何か秘密が隠されているように思われるかもしれません。しかし、この言葉は、愚かな有情から見た場合の表現であって、如来から観た場合は秘密でもなんでもなく、既に教えは開陳(かいちん)されているのだ、というのが密教の教えです。

有情は、ありもしない「自分」に拘泥(こうでい)しているが故に、目が曇って真理を観ることができないと考えます。秘密とは、このような意味です。

古くから、私たちの業はどこで作り出されるのかが考えられていました。仏教では、身(しん)(体)と口(く)と意(い)(心)の三つで業が作られると捉えます。これを三業(さんごう)といいます。そして、有情は、体を通じて欲深い行為を行い、口から善くない言葉を発し、心の中で善くない考えが生じると考えます。

この三つの悪業をまとめたものが、十善戒に説かれています（図表7）。

【図表7　十善戒と三業】

【十善戒(じゅうぜんかい)】
身：不殺生(ふせっしょう)　不偸盗(ふちゅうとう)　不邪淫(ふじゃいん)
口：不妄語(ふもうご)　不綺語(ふきご)　不悪口(ふあっく)　不両舌(ふりょうぜつ)
意：不慳貪(ふけんどん)　不瞋恚(ふしんに)　不邪見(ふじゃけん)

上段の三つが、身でなされる業です。その内容は、生き物を殺すこと（殺生）、盗みをすること（偸盗）、淫らな性行為をすること（邪淫）です。

中段の四つが、口でなされる業です。その内容は、嘘をつく（妄語）、浮ついた無駄な言葉を使う（綺語）、汚い言葉を使う（悪口）、二枚舌を使う（両舌）です。

下段の三つが、意でなされる業です。その内容は、貪(むさぼ)る（慳貪）、怒る（瞋恚）、間違った見方をする（邪見）です。

これら身と口と意でなされる悪業によって、輪廻の中を彷徨います。そのため、すべての単語の前に不がついているように、十善戒とはこれらのことをしないと誓っているわけです。
　ところで、六大のところで触れましたように、私たちは大日如来と同じ要素で構成されています。そのため、有情の身と口と意も、如来の身と口と意であり、本来は、私たちは如来と同じですから善いも悪いもなく、業もありません。しかし、愚かな有情はこのことに気がつきませんから、身口意の三つを使って悪い業を延々と作りだします。
　また、有情には、自身の身と口と意による活動も、大日如来の活動であることが隠されているように見えるので、秘密といわれ、三密という表現がなされます。

即身成仏－印契・真言・観想－

　これまでの説明を図示したものが図表8です。
　六大、四曼、三密は、世界の在り様をこの三つの側面から説明したもので、順に、体（本質）、相（姿形）、用（働き）といいます。
　真言密教では、この三つの側面から私たちの存在を如実に観ることによって、この身このままで仏になれる（即身成仏）と教えます。では、どのようにそれをなし得るのでしょうか。それは、手（身）に印契を結び、口に真言を唱え、心に仏を観想することが、即身成仏に至る具体的な方法です。
　手で印を結ぶのは、如来や菩薩を象徴するものを形作るためです。手は、いろいろな動作を行うところですから、その手に仏菩薩の働きを表現することで、身による悪業を止めることを表します。

　口で真言を唱えるのは、真理のことばとひびきを発することで口による悪業を止めるためです。
　また、心の中で仏を観想するのは、邪な心を起こすという悪業を止め、法を観るためです。これをを三密行といい、覚りの境地に至ることを三密瑜伽といいます。

この三つが揃った時、真理を全身で体観し、一切の流れる現象と一体化し仏となります。なぜなら、一切の流れる現象が法身であり、大日如来だからです。インド古来の梵我一如(ぼんがいちにょ)の思想の構造を保持しつつ、中心に法身としての空(くう)を据え、自分がその空であることを観るのです。

　そして、この体験をすることを、宗教的神秘体験といいます。これが真言密教の説く即身成仏(そくしんじょうぶつ)です。真言宗の僧侶は瞑想や護摩を修する時に、この三密行を行います。

【図表8　法身大日如来と有情との関係】

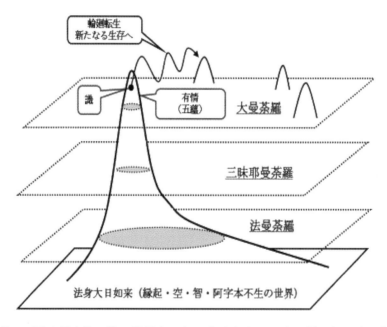

※この図は便宜的に法の世界を四相に分けたものです。最下相が大日如来の世界です。下から二つ目の相が響きあう真言の世界を表した法曼荼羅です。その上の相が仏菩薩の働きなどを象徴する三昧耶曼荼羅、最上相が肉体をもった有情や仏菩薩が具体的な形で顕現される大曼荼羅の世界です。

　自身が法身大日如来と同じ存在であると気がつかない場合は、識が新たな有情として輪廻転生する様子を波線で表しています。気がつけば識は如来の智となり、もはや転生はなくなります。

3　加持感応－真言と如来の不思議な力－

霊性

　本書では、これまで「霊性」についてあまり説明をせずにこの言葉を用いてきました。日本の文化では、この世のものとは思えない「何か」としかいいようのない存在については、古くから、幽霊、物の怪、妖怪、霊魂、たましい、などの言葉で表現がなされていました。また、植物も含めてすべての生き物にもいのちが宿っていると考えるのも、私たちが霊的な存在であるという考えが根底にあります。

　これらの言葉が示している「何か」を、筆者は、霊性と呼んでいます。この言葉は、古典や物語の世界では人々に親しまれているものの、現代社会においては、文字通り、「妖し」の言葉として受け止められるため、慎重に使用する必要があります。

　ところで、近年スピリチュアルという言葉が世間に広まっています。スピリチュアルケア、スピリチュアルカウンセリングなどの言葉がよく聞かれます。妖しい分野から医療の分野にまで広がっていますが、医療分野ではスピリチュアルケアという用語が定着しつつあります。

　この用語は、医療的な対応が困難で、もう何もすることがないという理由で、病院からも社会からも見放されてしまった末期ガンの方を、最後までその生を全うすることができるように、キュア（治療）ではなく、しっかりとケア（心配り）をしていこう、というホスピス運動をきっかけとして使用され始めました。

　スピリチュアルケアとは、個人が生命の危機に陥った時に急激に迫ってくる死に関する諸問題、例えば、死後の世界はどうなっているのか、自分の人生についての後悔や感謝など、宗教的な問題とも関連する悩みや苦しみをケアする分野です。

　ホスピス運動の根源には、スピリチュアリティというキ

リスト教の理念がしっかりとあります。欧米でスピリチュアルケア運動を展開したり、貧困や差別問題などの社会的問題に立ち向かったりしている方々は、たいていキリスト教文化の精神のもとで活動をしています。

この文化におけるスピリチュアルという言葉は、明確に霊的なものを指しています。したがって、欧米では、人間が霊的存在であることは自明のこととして、あまり議論にもなりません。

しかし、スピリチュアルという言葉が外来語として日本に入ってきた時には、その邦訳を巡って多くの議論がなされました。結局、適訳がないということで、片仮名のまま使用されるに至っています。

また、日本では、霊というと、「何か変な宗教にはまっていないか」、「カルトにはまっているのではないか」と思われてしまいます。

そろそろ、日本の文化も、自分たちの文化がいかに霊性文化を保持し、日常生活にその文化が浸透しているかを認識しなくてはならない時にきているのではないかと思いますし、宗教の世界は「霊性」を抜いては語ることができません。

これまで本書では、いのちある生き物の主人公をアートマンや識という言葉を使って表してきましたが、日本では存在と認識の主体を霊やたましいといった言葉で語ってきました。

お葬式における香典も「ご霊前」と書きます。これらの文化も、霊性をベースとして捉えなければ、これまで書いてきたことは、単なる物語的教えになってしまいますし、葬儀や法要も嘘の行為となってしまいます。そのためここでは、霊性について、筆者なりの見解を記しつつ、真言密教と霊性について考えていきたいと思います。

第1章で触れましたように、ヴェーダ聖典のことば自体が、大いなる何かからの啓示を受けたリシたちが記したことばであるとされます。また、真言は、神々と交感するためのものであり、儀式においては欠かせないも

のです。真言密教では護摩を修しますが、この護摩の原型は、火を使い、その中に供物を入れ、煙として、天界にいる神々、または、祖霊に届けるというヴェーダ時代の儀式にあります。

私も、僧侶になるための修行では、不動法という護摩を修しました。これは、不動明王をお招きして供養し、火の中に祈願を書いた護摩木を入れ、不動明王に願いを成就していただくという構造です。

このような儀式は、現代人にとっては珍しいものです。また、不動明王という、見たこともないものを呼び、お願い事をするというのは信じがたいものでしょう。

しかし、真言密教は、天界の神々や仏菩薩を本尊として祈願し、有情の願いを叶えることを救済活動の一つであると考えます。護摩を修する行者や三密行の瞑想を行っている者は、神々や仏菩薩と一体化する瞑想を行います。この時、本尊から「不思議な力」が加わると考えます。これを加持といいます。

加持とは、お大師さまによれば、三密行を行っている者に対して、如来をはじめとした菩薩や神々から不思議な力が与えられること（加）と、その不思議な力をしっかりと受け止める心を保つこと（持）をいいます。

また、この受け止める心とは、真言密教の教えを信じ、自分が如来であることをしっかりと自覚することを意味します。そのため、金剛のように硬い信心と如来の自覚が求められます。また、その心を五鈷金剛杵で象徴します。お大師さまが、肖像画などで胸の前に五鈷金剛杵をもっているのはそのためです。

このように真言密教には、大いなるものから、何かしらの不思議な力が与えられるという世界観があります。

また、真言密教は、現象世界には、私たちには見えない、霊性的なものがあることを認める教えです。その霊性が顕現されたものが、多くの仏菩薩や

天の神々などの働きであると考えます。そして、真言を通じて、仏菩薩や神々などと交感できると考えます。

三力偈(さんりきげ)

真言という不思議な霊的な力をもったことばに対する信仰があるが故に、真言密教というわけです。むしろ、種々の霊性的存在や真言の不思議な力を認めないと、護摩や儀式は単なるイベントに堕してしまうことになります。

このような世界観を端的に表したものが三力偈(さんりきげ)です。

| 以我功徳力(いがくどくりき) | 如来加持力(にょらいかじりき) | 及以法界力(ぎゅういほうかいりき) | 普供養而住(ふくようにじゅう) |

この偈文(げもん)は、自分の努力、すなわち、仏教の教えを信じ精進する力と、如来から与えられる不思議な力、そして、両者の力が合わさった法界(ほうかい)という宇宙全体の力をもって、ありとあらゆるいのちを供養し続けるという意味です。真言密教とは、自力と他力が合わさった力でもって、有情を救済し続ける教えといえるでしょう。

法身説法(ほっしんせっぽう)と如来の不思議な力

ここまで読まれた方の中には、真言密教とは、結局はバラモン教やヒンドゥー教と同じなのではないか、僧侶は民衆の願いを神々との間で取りなす役割を担う祭官と同じなのではないのか、と思われる方もいらっしゃるでしょう。

もちろん、ある一面ではその役割を担っています。実際、真言宗の各お寺では、有情の願いをなんとか成就できるようにと、僧侶は護摩や三密行を修します。

しかし、根本的な違いは、どのようなものにも実体を認めない空(くう)を中心に据えていることです。また、霊性とは、私たちの目には見えないけれど「何か」としてあるものとして捉えますが、これにも実体はありません。

また、その在り方として如来の慈悲が顕現されたり、不動明王の怒りとして顕現されたりすると考えます。これがいわゆる如来の不思議な力です。

例えば、不動明王は、大日如来の化身(教令輪身(きょうりょうりんじん))です。どうしようもない者を左手の縄でつかまえて、慈悲をともなった怒りの剣で改心させるため

に、大日如来が別の形で現れたものです。

　また、真言密教では、大日如来自身が説法を常にしているとも考えます。これを法身説法（ほっしんせっぽう）といいます。法身とは、縁起の法の本体です。その法は、私たちの目の前で展開されていますから、常に教えが私たちに示されていることになります。

　そして、あらゆる現象は互いに影響しあっていますから、この世界は互いに響きあって成立しているとも考えられます。響きとは音であり、真理を示したものが真言です。法身説法とは、絶えずこの真言が私たちに響き、語りかけていることを表しています。

　さらに、このように法が常に私たちに語りかけており、すべては空であると観ることができること自体が、如来の慈悲による不思議な働きであると考えます。なぜなら、そもそもお釈迦さまが法を観られて、慈悲によって説法を始められたことが、不思議な行いだからです。

　しかし、真理は常に自分自身に、そして、自分の目の前に開陳されているのにもかかわらず、愚かな有情は無明に覆われているために、実体がないものに名前をつけ、いつまでも自分や自分の周りのものが在り続けると思い込み、そして、苦しみます。このように、無明に覆われている有情は、如来の説法に感応することができないため、秘密の教えといわれます。

灌頂と真言密教の真髄

　ここまで書きますと、真言を禁止し、儀礼や儀式を排したお釈迦さまに怒られるようなことを真言密教はしているといえます。しかし、敢えて護摩を修し真言を唱えるのは、お釈迦さまの説くことが在家
にとって厳しすぎる教えであり、今日を生きるのに苦しみ、この世で少しでも幸せになりたいと考える有情にとっては、欠かせないものであったからだと思います。

　三句の法門にあるように、このような行為はむしろ如来の方便行（ほうべんぎょう）であると捉え、どのような形であれ有情の苦悩に向かい合い、まずは、少しでも楽になってもらい、そして究極の教えである、空の世界へと導くのが真言密教の

3　加持感応－真言と如来の不思議な力－　79

教えです。

　また、お釈迦さまの教えは、八万四千の法門といわれ、相手を見て説法をされていました。いわゆる、対機説法です。どんな方法であっても、自分や有情を救うことになっていれば、それは方便の一つであると考えます。

　その一つの方便が、灌頂という儀式です。灌頂とは、インドの国王になるための儀式で、四大海の水を頭に灌ぐことで、世界を支配することを象徴しています。真言密教でもこの儀式を取り入れ、師僧が弟子に密教の教えを伝授する時に、如来の智慧の象徴である水を頭に灌ぎます。この儀式を通じて、自分が密教を伝える者として認められると同時に自分が如来であることの自覚をもちます。

　また、一般の方には、自分と仏菩薩とのご縁を結ぶための結縁灌頂が行われています。これも師僧から仏菩薩とのご縁を約束されるものです。そのため、筆者は灌頂の儀式も、授記思想に基づくものであると考えています。

　このような約束は、苦しみの中にある有情にとって大きな支えとなり、仏道に向かう励みとなるものと思います。

　真言密教は、種々の方便を用いますが、苦をなくすためには「自己の執着と欲望によって自分の思い通りになるという思いをもつことをやめなさい」という教えを中心に据えています。

　あまりにストイックなお釈迦さまが積極的に関与しなかった霊性の問題について真っ向から取り組み、まずは、有情の願いと向き合い、その上で仏教の本質的な教えを開陳することが、真言密教の真髄であるといってもよいでしょう。

　真言密教は、護摩や真言など、インドのありとあらゆる教えを包含しつつ、お釈迦さまの教えを忠実に堅持している教えであるといえます。

第5章　苦悩と真言密教
－苦を抜き、楽を得る－

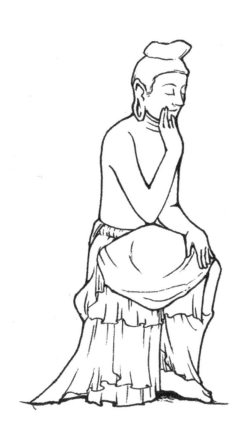

1　苦しみの3タイプ

真言密教の教えを人生で活かす

　これまで、宗教的なお話を中心として説明をしてきました。では、人生で生じる苦悩に、その教えをどのように活かしていけばよいのでしょうか。筆者は、高野山真言宗の僧侶ですが、一方で普段は大学で講義をする傍ら、臨床心理士として臨床現場でカウンセリングや心理療法を行っています。

　そこで出会った方々から学んだこと、そして何よりも私自身が自分の人生で体験し、高野山で学んだことから、真言密教の教えを人生で活かすポイントについて記したいと思います。

内面的苦悩－罪悪感型と自己不全型－

　人が宗教に興味関心をもち、その学びを通じて、何かしらの気づきを得て新たな人生を歩んでいくことを、キリスト教では回心(かいしん)といい、仏教では発心(ほっしん)といいます。

　また、宗教学の領域では、人が苦しみの中から新たな信仰や生き方を得ていく過程を研究する分野があり、これを回心論といいます。

　かなり古い研究ですが、キリスト教の神学校の学生を対象とした研究があります。この研究では、回心体験をした者の回心に至る前の心理的状態には大きく二つのタイプがあることが示されています。

　一つは、「罪からの脱出（escape from sin）」です。これを筆者は、「罪悪感型」と呼んでいます。自身を罪深き存在であると感じる罪悪感（sense of sin）を抱き、その苦悩から解放されることを望む心理状態です。

　もう一つは、「精神的覚醒（spiritual illumination）」です。これを筆者は、

「自己不全型」と呼んでいます。よりよき生活を求めて努力を惜しみませんが、その根底には自己不全感（feeling of imperfection or incompleteness）を抱いている心理状態です。

　もちろん、誰でもこの両者を持ち合わせています。どちらの苦悩が強いのかという観点から分ければ、この二つのタイプが見られます。また、前者のタイプは少なく、両タイプの比率は 1 対 6 であることが示されています。いずれにせよ、自己の内面から沸き起こるこれらの苦悩によって回心や発心が生じ、新たな信仰の道へと進んでいくと考えられています。

絶望的体験による苦悩

　先の分類は、いわば個人の内面的苦悩から見た分類です。他にも、本来は自分自身の問題とは関係のなかった絶望的体験に出会うことによって、生じる苦悩があります。この苦しみから救われるために、宗教に興味関心を抱くことがあります。

　例えば、自分は健康であると思っていたのに、ある日突然重篤な病に罹っていることが判明してしまうことがあったり、我が子が重篤な病をもって生まれてきたり、また、愛する人を突然喪ってしまうこともあるでしょう。

　他にも、身体的であれ、言語的であれ、無慈悲な暴力の吹き荒れる家庭に生まれる、周りから虐められるなど、そこにいただけなのに、悲しい、苦しい出来事に出会い、個人の人権や尊厳が傷つけられてしまうこともあるでしょう。これらの体験は、圧倒的な力で私たちの生きる力を奪っていきます。

　では、このような苦しみからどうすれば抜けることができるのでしょうか。また、先の内面的苦悩も、何がきっかけとなって回心や発心が生じるのでしょうか。次節より、罪悪感型と自己不全型、そして、絶望的体験による苦悩の本質的な問題に触れながら、真言密教がそれぞれのタイプの苦悩に対してどのような道を示しているのかについて、考えていきたいと思います。

2 罪悪感型と解放

罪悪感という観念

　私的なことを書くのは憚(はばか)られますが、真言密教を学び少しだけ楽になりましたので、少し筆者のことについて書くことをご了承ください。

　まず、私が出家しようと思ったキーワードは、罪悪感でした。自分でもよくわかりませんが、「私が生きていることで、他の人に迷惑をかけている」という観念に悩まされていました。これまで意識的にせよ、無意識的にせよ、自分が他者を傷つけてきたことについて、過剰に反省し、自分を責め、「自分は悪である」という観念がありました。その時、お大師さまに関する本や真言密教の本に出会い、この罪悪感と向き合うために、高野山大学の大学院に入学しました。

　しかし、高野山大学にきてから、罪悪感に悩む人にあまり出会いませんでした。「あれだけ罪障消滅(ざいしょうしょうめつ)や業の問題を論じているのに、当の出家者がそれを語らないのは何故だろうか」と不思議に思っていました。

　このような時に、先に紹介した罪悪感型が少ないという研究に出会い、この疑問が氷解しました。

　自己不全型の人は、自己に何か不確かな感覚があるが故に善を求め、ストイックに修行に励み、完全な真理との一体化を求めることが主たる目的であるように思います。

　そこには、「自分が何者なのか」といった問いや、「正しい生き方は何か」といった問いがあるように思います。そのため、大日如来をはじめとした仏菩薩と一体化するための行や護摩、真言をお唱えすることに親和性が高いことがわかります。

　一方、私のような罪悪感型の人は、仏菩薩との一体化よりも、「私は生きることが赦(ゆる)されるのか」が問題でしたので、真言宗の修行をしてもまったく罪悪感は消えず、皆とも話が合いません。両タイプともに大いなるものに頼るという意味

では形は同じですが、主たる悩みが異なります。

喪失と悲嘆

　絶望的体験による苦悩にも関連しますが、ここで学問的なことを書いておきたいと思います。阪神淡路大震災やオウム真理教の事件から、心のケアの重要性が認識されるようになり、JR福知山線の脱線事故や東日本大震災でも心のケアが言われました。

　愛する家族や友人を亡くした場合は悲嘆にくれます。特に、事故や事件、天災によって予期せぬうちに愛する人を亡くされた方々は、想像を絶するほどのショックを受けます。通常の悲嘆の範疇（はんちゅう）ではおさまらないほどに心身が疲弊（ひへい）し、悲嘆が長く続きます。これを複雑性悲嘆といいます。

　この悲嘆の中で、多くのご遺族が故人に対して、「私だけが生き残ってしまった。生きていてよいのか」、「私が身代わりになっていれば」、「あの時、私が声をかけていれば」という罪や悔やみの観念に苛（さいな）まれます。これをsurvivor's guiltといいます。遺された者の罪悪感や罪責感と呼ばれるものです。

　この罪悪感と罪責感は、愛する人を喪った方だけでなく、絶望的体験をされた方には共通して見られる感情です。病気になるということは、自分の体の健康を喪失したことであり、また、虐（いじ）められれば個人の尊厳が踏みにじられることですから、人としての人権を喪失したということになります。

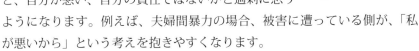

　その人にとって喪失の度合いが大きければ大きいほど、自分が悪い、自分の責任ではないかと過剰に思うようになります。例えば、夫婦間暴力の場合、被害に遭っている側が、「私が悪いから」という考えを抱きやすくなります。

罪悪感と罪責感

　この罪悪感と罪責感はセットにして用いられることが多く、一般に罪悪感や罪責感に対応する英語は「guilt」です。しかし、罪悪感と罪責感は、似たような感情に思われるかもしれませんが、両者の概念には違いがあります。

細かいことですが、苦悩について考える時には重要な視点になりますので、本書では、それぞれの概念を、以下のように定義しておきたいと思います。

先ほどから記している罪悪感型の罪悪を英語で表記すれば「sin」です。「sin」は、主として宗教的な意味を含み、そもそも存在していることへの根本的な罪を意味しています。一方「guilt」は、主として社会的道徳に対する罪を意味しています。

例えば、日本語で「私が悪かった」という表現は、罪悪感と罪責感の両者が含まれますが、両者の意味することは本質的に異なります。罪悪感の本質的な問題は、罪に対する悪感情であり、自分の為したことの前に、自分がいることそのものに対して、「悪」の観念を抱いていることにあります。

罪悪感の場合は、自分の存在そのものに対して常に悪という観念がつきまといますから、自分の存在への善悪の価値判断が本質的問題となります。そのため、罪悪感が強い人は、社会的道徳を犯すことも悪ですし、他者から見れば「その程度ぐらい」と思って見逃してしまうことをしただけでも、罪悪感が生じてしまいます。

極端なことを言えば、呼吸をしても、食べていても、寝ていても、悪になります。そのため、過剰な罪悪感を抱けば身動きが取れなくなり、何もする気が起きなくなります。

また、自分の存在が悪であることを突き詰めれば、「こんなに悪い私は生きていてはいけない」ことになります。そのため生きる意味も失われます。もし、悲しみに暮れて何もやる気が起きない場合には、罪悪感が強いのではないかと思います。

一方、罪責感は、自分の犯した罪に対する責任です。責任とは、社会的道徳の観点から論じられるものです。また、起こった出来事に対して、自己の関与の度合いを主観的にどこまで感じるのか、ということが問題となります。

ある人が、「私が悪かった」と感じた後に、何かその結果に対して贖罪行為（償い）を行っ

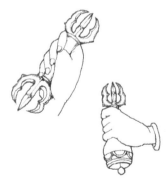

ている場合、それは罪責感です。

　例えば、故人のために手記を作る、弔いをする、法要をする、何が起こったのか勉強をする、自らの体験を社会的な活動に活かす、などの具体的な行動に表れます。それが責に対する償いだからです。

　時々、自分の行為に無責任な人を見受けますが、その人の主観的な世界では、「私には関係ないよ」と徹底して感じていますから反省がみられません。よって、何度も同じことを繰り返します。

　少し専門的な説明が長くなりましたが、まとめますと罪悪感は存在における問題であり、罪責感は責任における問題であると捉えていただければと思います。

罪悪感と自性清浄(じしょうしょうじょう)

　では、この罪悪感からどのように脱却すればいいのでしょうか。そのヒントが、真言密教の中にあります。

　まず、真言密教では、業から離れ、罪障消滅することを祈願することが多いのですが、この罪とは何かという問題があります。

　罪とは、これまで散々書いてきましたように、「在りもしないものに執着するが故に作り出されるもの」と定義することができます。そのため、ありとあらゆるものに名称をつけ、自分のものであると思い込んでいること自体が罪となります。

　物事を明らかに観ないこと、つまり、無明であることが、そもそもの罪であり、悪ということになります。

　私たちは、つい自分勝手に物事を捉えてしまいますので、お釈迦さまは、「その悪をなすな」と口を酸っぱくして言います。お釈迦さまは、私たちのもつ執着と欲望を否定するほうを強調します。

　一方、真言密教では、本来、法である自分は、悪でも何でもない「清らかな在り方として在る」という、自性清浄の考えを前面に押し出します。私たちは欲にまみれた存在だけれども、「本当は清らかな存在である」ことを強

調します。

　そして、どうしようもない悪人であっても、その存在を認めて「皆同じいのち存在である」と言います。これは、自己と他者のいのちの大肯定を強調している考え方です。もともと清浄であるのだから、「間違ったものの見方をすることを変えていきましょう」といっているのが真言密教です。もちろん、お釈迦さまも同じ様に説いてはいるのですが、力の入れどころが違います。

　まとめれば、罪悪感の問題は、私自身が勝手に自分を悪だと「思い込んで、名づけているだけだ」という話になります。法である自分自身の本来の在り方に気がつけば、単に縁起する存在ですから善も悪もないのです。

　とはいえ、現実問題として、自分のことを悪だと認識しているわけですから、この教えを聴いてもすぐに「はい、わかりました」とはなりません。

　しかし、真言密教の教えに真摯に向かい合えば、次第に苦しんでいる自分という形あるものは流れ去るものであり、これまで蓄積してきた業の潜勢力によってこの世に形あるものとして現象化した存在である、と観ることができるようになります。そして、本来、自分は清浄な大日如来であることが得心されるようになります。

　時間はかかりますが、筆者はこれを観じることで、勝手に自分の存在を悪だと名づけていたことに気がつきました。お釈迦さまの言う「名称と形態」に拘っていただけだということを得心し、罪悪感に苛まれることから少し解放されるようになりました。そして、今生で自分がなすべきことを寿命の限りなさねばならない、と考えるようになりました。

3　不完全型と自己定位

理想の追求

　罪悪感型は、自らの存在が悪であるという観念に苛まれていました。一方、不完全型の苦悩は、自己が虚しく、自身には何か足りない、欠けているものがあるとの観念が強いため、理想や善を追い求めます。

　このような人は、宗教的にも道徳的にも、理想とする人物像を自身の中に抱き、世界や社会の出来事に対する責任感が強いため、より完全な自己に向かって積極的に修行や自己鍛錬をすることになると思います。これによって、自分と他者を導くための強い意思が培われていきます。

　そして、自分と大いなるものとの関係を通じて、自分がなすべきことを自覚することになります。

虚しさの危険性

　しかし、不完全型の悩みが強くなりすぎる場合には、ある種の危険性が伴います。例えば、自己自身への強烈な虚しさを抱いている場合には、自分のあるべき理想を求めるあまり教条主義的（きょうじょうしゅぎてき）に、あるいは、権威主義的になってしまうことです。

　また、不完全型の悩みが強い方の中には、自分の存在が完全ではないという苦しみから、精神的快楽のために神秘的体験のみを求めてしまう人がいることも否定できません。

　中には薬物を使用する人もいます。これらの人々は、常に強烈な力をもった他者や薬物の力に翻弄されてしまいます。

　ここで、教条主義的、権威主義的な人の特徴について考えてみましょう。このような主義に陥る人は、正義、善、社会改革などを掲げ、結果的には独善的な思想から他者の尊厳を軽視し、いのちを殺（あや）めることになりかねません。時折、宗教に絡んだ事件が社会を騒がしているのも、このことが一因となっています。

父性と生き方の提示

このような心理状態になってしまうと、自分自身の存在への虚しさから、自己を支える大いなる世界観やその世界観を提示する強烈な父性をもっている人を求めます。

正義や善といった観念は、父性のもつ切断の機能です。父性には、正義の名のもとに他者を断罪し、善の名のもとに悪を裁こうとする働きが内在します。これらの働きは、すべて「切る」ことに通じます。

少し硬いお話になりますが、私たちは対象を認識する時、形を認識し、そこに命名をすることで、はっきりとその対象を浮き上がらせます。あたかも、一枚の紙に人型を描き、はさみで切ることで紙人形ができるように、父性の機能は切ることによって他と区別をする形を作り、その存在を際立たせます。

「虚しさ」とは、文字通り嘘であり、手ごたえのなさや枠のなさを意味します。自分自身に虚しさを感じる人にとって、この切断の機能は、自分の存在感をはっきりとさせてくれます。形作ることは、その人の「在り方」を与えてくれることになりますから、これは大きな救いとなるでしょう。

なぜなら、信頼できる他者から生き方、話し方、寝方、歩き方、修行の仕方などの、「方」を与えられることは、確固とした自己感覚と、一筋の生きる方向性を得ることになるからです。しかし、ここで自ら考えることを止めてしまうと、危険な方向に向かってしまいます。

命名と授記思想

ここで、命名の問題を考えたいと思います。なぜなら、命名という名づける行為は、私たちの進むべき方向性を決定づける行為だからです。

皆さんの中に、生まれた時に自分の名前を自分でつけた人はいるでしょうか。おそらくいないでしょう。自分の名前は、「他者によってしか与えられない」という驚愕の事実があります。

このことは、私たちが他者から規定される存在であり、自分が存在する前に他者が先に存在していることを意味します。

私たちは、一人で生きていると思いがちです。しかし、生まれた時から、ルー

ルをもった社会の中に「名づけられる」ことによって参加することを他者から許されているのです。

　たとえ自分は自由でいたいと思っていても、私たちは生まれた時からその世界の中に投げ込まれる存在なのです。その意味で、例えば、悪魔という名をつけられた子どもは、悪魔として社会の中で生きていくことを他者に命じられたということになります。

　このように名づけるという行為は、世界の中で生きるいのちの在り方を最初に規定する行為ですから、最も真剣に考えるべきことなのです。

　ここで、授記思想を思い出してください。「お前は如来になるであろう」とか、「お前は如来である」という、未来の約束や承認を師から与えられる授記は、他者から命名されること、そして、他者から承認されることに他なりません。

　苦しみの中にある人にとって、信頼できる人から承認と約束をもらい、生きる方向を示してもらえることは、最も安心を得ることができるでしょう。

　そのため、苦悩の中にある時こそ、信頼できる師や他者を真剣に選ぶ必要があります。

善き師と友を見つける

　人生に悩み、自己が曖昧な感覚や、世界から拒絶されている感覚があるために苦しんでいる方は、自らの頭で考えながら、本当に他者のことを考え、実践し、しっかりと導いてくれる善き師や友、そして、善き場所を見つけてください。真剣に追い求めて動けば必ず出会います。

　まずは、近所のお寺のお坊さんに会ってみるとよいでしょう。世の中には、真剣に生きることを考え、他者のために活動をしているお坊さんもいます。また、必ずしも生きている人である必要はなく、先人の遺された書物や作品、仏像と静かに対面してみるのもよいでしょう。

　ただし、たとえ信頼できる人だと思っても、自分のすべてを預けることは危険を伴います。

　いわゆるマインドコントロールというのは、人の主体性と自主性を奪うほ

どの世界観を与えます。常に他者の言うことが、お釈迦さまの教えに適っているのかどうかを検討する力を養ってください。他者のいいなりになることを、仏教は教えてはいません。

世界そのものとしての自分

マインドコントロールや悪意のある他者から逃れるためには、お釈迦さまが、自燈明（じとうみょう）、法燈明（ほうとうみょう）と言われたことに立ち返えることが肝要です。他者にすべてを預けるのではなく、自ら考え、信頼すべき他者の意見を参考にしながら、法をしっかりと観ることを実践していただければと思います。

では、法を観るとは何か。この世の中は、ありとあらゆる生きとし生けるものが蠢く（うごめく）世界であり、その世界は自分自身であると観ることです。醜い考えをもった人であっても、その人を自分であると観て慈悲心を起こすことです。たとえ争いが絶えず、欲望だらけの世界であっても、その醜さは自分の心にも必ずあります。

他者や社会に理想を求める前に、自己の執着と欲望の奥の奥まで観て、法を体観していただければと思います。これが真言密教の教えであり、そこに至った時、自分は世界の中に投げ込まれた「世界の中にいる」存在なのではなく、「世界そのもの」になります。

そもそも、すべての存在が「世界そのもの」、すなわち阿字本不生（あじほんぷしょう）であり大日如来なのです。そして、これに気づいた時が、即身成仏なのです。

自と他のいのちのつながりを観て、変転する世界の中に自分をしっかりと位置づけ、「なすべきことをなす」ことが真言密教の教えです。

そして、その具体的な方法を提示しているのが、三密行（さんみつぎょう）です。この行は、本来、自分が仏菩薩と同じ在り方のものであり、自性清浄であることを観るための一つの方法です。必ずしもお寺や道場にこもる必要はありません。

手は行為を、口は言語によるコミュニケーションを、心は仏菩薩の境地を現していますから、社会の中で他者のために慈悲の心を起こし、善き行いをし続けることが、三密行に他なりません。その具体的な指針となるのが、十善戒です。

4　絶望的体験と罪責感

自己を責める

　平凡な日常を暮している人にとって、天災、事故、犯罪などによって愛する人を喪うこと、自分の持ち物や職を失うこと、また、病気になることは、最も苦しい絶望的な体験です。自分の人生の未来が見えなくなります。このような圧倒的な体験に自己の無力さを痛感させられます。そして、自分の人生が無意味に感じられます。

　特に愛する人を喪うことは、その人への思慕の情がいつまでも深く苦しく続き、悲嘆に打ちひしがれ、身動きがとれなくなります。大きな悲嘆は、人生を歩む力を蝕みます。

　この心境をもっとも表しているのが、「私はあの時、何かできたはずだ」という可能性と、「ああ、私は何もできなかった」という現実との間で生じる、悔やみの念でしょう。

　そして、この念は、「あの人が亡くなったのに、私は楽しんではいけない」、「あの人がいないのに、私が生きていることは申し訳ない」という言葉によって表されます。この言葉は自分自身を縛り、その背景には「私は責めを負わなくてはならない」という罪責感が大きな問題としてはびこります。

　また、物や職を失うことや病気になることなど、起こった出来事に対して「なんで、こんなことが起きたんだ」という反問の声には、「私は何も悪いことをしていないのに」という弁明の思いが込められています。これも出来事への自己の関与の度合いを問題にしています。そのため、罪責感の問題といえるでしょう。

　このような罪責感は、罪や起こったことに対して自分がなさなくてはならないことの大きさを強調し、苦痛を引き起こします。特に、愛する人を喪った方は、全面的に責任を引き受けようとします。

　また、この絶望的体験によって、罪悪感の問題も生じます。罪悪感については、解説しましたので、ここでは罪責感について取り上げます。

思い通りにならないこと

　この問題に対してお釈迦さまは、「思い通りにならない」ことを強調します。自分の心臓を動かすことすら思い通りにならないのに、自分の体のことや他者の行為について、自分がどこまで責任をもつことができるのか、ということを鋭く突きます。これが五蘊無我と縁起の教えです。

　たとえ愛する人であったとしても、その人を完全に思い通りにすることはできないでしょう。わが子であったとしても、自分とは異なる意志をもったいのち存在です。

　また、自分は実在するものはなく、すべてのものがつながって影響し合って「ある」ように見えているだけであり、自分だけに責任があるということはない、と説くのが大乗仏教の空の思想です。

　このように説くのは、「自分がなんとかできたはずだ」という自分の力への誤った意味づけがあるためです。この誤った意味づけのために、人生に無意味さや無力さを感じるようになります。

　時々、「人生に意味などないのだ」という人と出会います。しかし、この語りの時点で、「意味などはない、という意味づけをする」という誤りに陥っています。目の前で生じる出来事や自分の心の中に起こる感情に、自分勝手な意味づけをすることをお釈迦さまは強く戒めます。

　まとめれば、罪責感の問題は、「一切は無常であること」を観ること、つまり、「自分」や「私」といった主語をもって物事を観ることを放棄することで癒されることになります。

　このように、苦の代わりに楽や幸せを提示するのではなく、苦を徹底的に観る姿勢、思い通りになるものはないと観ることを、筆者は「逆転の視座に立つ」と呼んでいます。

　これを徹底的に行った末に至るのが、如来の境地というものでしょう。お釈迦さまの教えは、苦しんでいる時には厳しく、身も蓋もない教えのように感じるかもしれません。しかし、お釈迦さまの教えと真摯に向かい合うと、「その通りです」としか言えなくなるのも事実です。

　お釈迦さまに「人のいのちは常住か、無常か」と問われ

れば、「無常です」としか答えようがありません。そして、「無常は苦か、楽か」と問われれば、「苦です」としか答えようがないのです。苦しかない世界に楽を求めようとするその執着をやめよ、としか言わないわけですから、ぐうの音も出ません。

感情の問題

　しかし、このような境地に至るのは難しいものです。悲しみと苦しみ、そして、自己を責める気持ちの中にいる時は、なかなか受け入れられるものではありません。

　なぜなら、感情の問題が絡んでいるからです。それを「一切は苦だ」とだけ言われても、納得することは無理な話でしょう。

　また、世界や自分の人生に怨みを感じ、幸せそうに見える他者に嫉妬や怒りを感じてしまうのも当然のことだと思います。そして、お亡くなりになった方のたましいの行き先を案じ、そのたましいが苦しんでいないだろうかと想い巡らす心情も自然な感情でしょう。

　この感情に対処できないが故に苦悩しているものにとって、お釈迦さまの言葉はとても厳しく聞こえます。

　ここで、私たちの社会における感情の取扱いについて考えてみましょう。一般に、人に相談をする時、私たちは何か解決策を求めます。お医者さんには病気を治してもらうために行きますし、法律上の問題を解決するためには弁護士さんのところに行きます。そこで問題にされるのは、悩んでいる出来事であり、相談者自身の苦悩という感情については取り上げません。

　しかし、心理相談や心理療法の世界では、出来事ではなく、「今、苦しい」という感情に焦点を当てます。なぜなら、私たちが心の中に苦しみを抱き、その苦悩に毎日が覆われてしまうのは、生じた問題よりも、その問題によって引き起こされた自分自身の感情にうまくつき合うことができないことが多いためです。

　誰でも自分の苦しい胸の内を聴いてくれる人が側にいれば、たとえ問題は解決していなくとも、少し元気が出て、「なんとかするか」という前向きな

気持ち（主体性）が生じてきます。そのため、心理士や心理カウンセラーは、その感情を徹底的に「共感」して聴きます。

一方、苦しい気持ちを聴いてもらえずに、単に「こうすればいい」と解決策だけを示されたり、「もっとがんばれ」、「あなたの気持ちの問題だ」と非難されたりすると、やる気がなくなってきます。お釈迦さまの「思い通りにならない」という教えも、正しい解決策であり、「ごもっとも」と思いますが、ともすれば耳を塞ぎたくなってしまうこともあります。

やはり「苦しい」ものは誰でも嫌ですし、幸せになりたいと願うものですから。

苦悩に対する密教の教え

このような苦しみに、真言密教は三つのことを提示します。

① 未来志向としての業

一つ目は、生きること死ぬことについての輪廻と業の世界観を、しっかり観ることです。個人は、それぞれに業を背負い、業の力から抜け出ることは容易ではないことをまず実感することです。私たちが苦しむような状況になったことも、各人の業が関わっています。

この考え方は、一見すると冷酷な自己責任論のように感じてしまいます。しかし、この業の考え方は、生じた状況に特定の個人だけがすべての責任を負う必要性はないことも教えます。

なぜなら、すべての生きとし生けるものが業を背負いあって現在の状況が生じているわけですから、一人だけに全責任があるわけではありません。

そのため、過剰な罪責感に苦しむ必要はありません。むしろ、未来に向かって自分に何ができるのか、善き業を作り出すためには何をするべきか、を考えていくことが肝要になります。

そして、この世に生まれてから何一つ悪いことをしていない人はいないのですから、各人が互いに助け合いながらそれぞれの業と向き合っていく必要があります。

お釈迦さまは、最初の説法で「なすべきことをなしおえた」と宣言されました。では、私たちは何をなすべきなのでしょ

うか。それは、新たなる苦しみを生み出さないために、頭を使って自分の身と口と意によって善きことをし、自身の執着と欲望から離れることです。

このように輪廻と業は、今生での短い自分の人生を生きていく方針を定めるための世界観を提示します。

② おまかせと真言と主体性

二つ目は、仏菩薩に「おまかせ」することです。感情の問題は、根深く私たちの心身を蝕みます。また、輪廻と業の世界観は厳しいものです。この感情を整理するためには、支えとなる信頼できる他者が必要です。私たちは情をもったいのちある生き物ですから、悲しみ、怨み、辛みなどの情をもつことは、悪いことではありません。

なかなか自分の執着や欲望から離れることができない私たちは、仏菩薩に祈り、祈願し、仏教の教えと出会うことで心が救われるでしょう。その祈りの時にお唱えする真言が、不可思議な力を私たちに示します。

ただし、この時の祈りは、仏教の教えを学び、仏菩薩におまかせするという心が求められます。自分の思いを叶えることを目的とするのではなく、仏菩薩の慈悲にまかせることが肝心です。

その典型が、阿弥陀如来の本願力による救済ではないかと思います。本願とは、ありとあらゆる苦しんでいる有情を救済するという真実の誓願です。「南無阿弥陀仏」と称名することによって、阿弥陀如来が救ってくださることになり、その救いを信じるという確信をもつことが救いになります。

ところで、真言密教の解説書なのに、なぜ阿弥陀如来の話が出てくるのかと不思議に思われるかもしれません。

ここで、ことばへの信仰を思い出してください。真実のことばには不思議な力があり、「南無阿弥陀仏」という響きをもった音によって、阿弥陀如来の働きが顕現されます。つまり、「南無阿弥陀仏」は真言なのです。

このような仏菩薩たちの慈悲の誓願に救われるべく祈り、祈願し、自らがお釈迦さまの説法に耳を傾けていくことが真言密教の教えです。

病気になった時には病気平癒を願い、健康な時には

病気にならないように無病息災を、お子さんが生まれる時には安産成就を、ご家族の繁栄を願えば家運長久を、ご家族の平和を願えば家内安全などを願います。

　この願いを少しでも成就できるようにと、真言宗のお寺では護摩を修しますし、苦しみたくない一心で祈願することは、有情であれば当然のことであろうと思います。

　このように自分ではどうしようもないことについて、支え、救ってくださる仏菩薩におまかせをするということは、執着と欲望があるからだと思われる方がいらっしゃるかもしれません。しかし、お釈迦さまは自分の苦悩をなくしたいという一心から、仏道を求める欲は否定はしていません。なぜなら、解脱を求める欲は正しきことだからです。

　お釈迦さまの教えは誤解されやすいですが、すべての執着と欲望をやめよと言っているのではなく、真実を観ずに誤ったものに執着し、欲望を向けるのをやめなさいと言っているだけです。真理に向かっているのならそれは善きことです。

　この観点からおまかせについて考えれば、おまかせを徹底するのは容易なことではないことがわかります。おまかせとは、手放すということですから、目の前で生じること、自分の心の中に生じる感情に翻弄されずに、生じた現象をありのままに受けいれることが要請されます。

　そのため、おまかせは一見、他者にすべて世話を焼いてもらうように考えてしまいますが、自らが受けいれるという主体的責任が問われるものです。

　このおまかせにおける主体性が救いへとつながります。なぜなら、一心に祈願をし続けるという行為そのものが、主体的な行為だからです。これが苦しみと対峙する力を与えます。

　害に遭う、苦しいこと辛いことに出会うという体験に共通するのは、受動態で表される「〜られた」、「〜させられた」という被る体験です。そのため、この状況から抜け出すには、自ら「〜する」という能動態に変換する必要があります。

　詳しくは次節で触れますが、このようにおまかせするというのは、極めて主体的な能動的な行為であり、仏菩薩におまかせしようという構えができあ

がれば、困難を乗り越える準備は整ったといってもよいでしょう。

③ 過去・現在・未来へのつながりを観る

三つ目は、輪廻と業の世界観に通じますが、いのちがありとあらゆるものとつながっているという世界観をもつことです。過去・現在・未来のいのちある生き物は、すべてつながっています。なぜなら、時間と空間そのものが大日如来であり、私たちは今生に現れたその一部だからです。今、生きている人生だけで終わりではないのです。

この世界観によって、例えば愛しい人の死に対して自分に何が出来るのかについて考えることができるようになります。故人の無念、苦しみ、死後の在り方まで視野に入れた時、喪った悲しみの中にありつつも、この世にいる者が故人にできることがあると考えます。

この世にいる者ができることとは、故人の供養をすることや、故人ができなかったことを社会で自分自身が体現することなどです。ありとあらゆる行動は、その故人の死後の在り方に影響を与え、自分自身の今後の在り方にも影響を与えます。

ここで、お葬式や法事などで、お経や真言をお唱えすることについて触れておきます。「お経を唱えて、亡くなった人は理解できるのか」、「何か意味があるのか」との声を多く聞くためです。

これまで書いてきましたように、真言密教の教えは、不思議な力があることばへの信仰とお釈迦さまの教えの両者を含んだものです。私たちは響き合う存在であり、その響きを文字で表したものが真言や経典であると考えます。

人は亡くなれば肉体を離れ、執着と欲望をもった霊性存在（識）として漂います。その時に、不思議な力をもった真言や経典をお唱えすれば、その音の響きが故人の霊に届きます。故人の霊がこれまでの学びや業によって、その響きとしての教えを正しく感受できれば成仏（解脱）できるでしょう。

別の生き物として生まれ変わっていれば、まだ成仏していないわけですから、生きている私たちがその故人を想念しながら、響きとして仏教の教えを伝え続け

ることで、いつか成仏する時が訪れるでしょう。このように真言密教は、人の死後にも、今、生きている私たちに、なすべきことがあることを教えています。

三力の世界観

　これまでのことをまとめれば、真言密教は、有情の切なる願いを聞き届けてくださる仏菩薩がいる世界と、欲にまみれ苦しむ有情がいる世界の両者があることを認めた上で、ことばへの信仰とその不思議な働きの恩恵を受けながら、自分という拘りを捨てて、すべてが一つの世界であると観る空の世界へと誘います。そして、今生で自分がなすべきことをなすこと、すなわち、生き方を示します。

　苦しみから離れたいと心底考えるのなら、この三点をしっかりと保ち、仏菩薩のお力を借りるべく祈りつつ、自らの小さな考えを捨て、大きな世界を求めて、是非、仏典に触れてみてください。そして、お釈迦さまの教えを学び、八正道を実践することで、楽を得ることができるでしょう。

　また、これらのことを如実に示しているのが三力偈です。今後どうするのかということを考えて、自分のなすべきことをなし（以我功徳力）、仏菩薩の不思議な力による加護と教えにおまかせし（如来加持力）、両者の力をもって（及以法界力）、すべての生きとし生けるものがいる、いのちの世界をしっかりと観て、他者と関わっていく（普供養而住）という教えが真言密教です。

5　自己放棄と真実の自己の在り様

自己放棄と自暴自棄

　これまで、苦しみを三つに分けて、その苦しみと向き合うための真言密教の教えについて書いてきました。これらの苦しみも、突き詰めてみれば、自分を中心として、日常の出来事を捉えているが故に生じているともいえます。

　回心論研究では、大いなるものへの気づきによって新たな人生を歩もうと回心した者に共通する心理状態は、自己放棄であるといいます。また、絶望的体験の苦しみから抜けるために、仏菩薩に祈り、すべてのことをおまかせする気持ちも自己放棄であるといってよいでしょう。

　自己放棄とは、「どうでもいいや」と自分や自分の人生を捨ててしまう自暴自棄とは全く異なります。お釈迦さまは、法の流れとしての自分という真実の自己の在り様を観ることを強調しました。

　つまり、自己放棄とは、いのちある自分自身を捨てるのではなく、自分や人生に関する観念を一度捨て去り、本来の自分の在り様を観ることだといえます。筆者も、自分を「悪である」と勝手に名づけて、自分の存在を規定していましたが、そのような間違った見方をやめることができたために、少しだけ楽になれました。

　ただし、このようになったのには、他の学問領域からの学びを通じて、真言密教の教えを改めて学び直したことも一つの要因です。ここでは、その学びと個人的体験を踏まえながら、話を進めていきたいと思います。これまで仏教や真言密教にあまり馴染みがなかった方にも、より教えの本質をご理解いただけるものと思います。

誰が悩むのか

　自分の存在についてしっかりと目を向けていきますと、自分が意識しようとしまいと朝になれば勝手に目が覚めますし、意識して呼吸をしているわけ

ではないこと、ましてや、心臓を動かそうと思って動かしているわけではないことに気がつきはじめます。誰もが悩みたいと思って悩んでいるわけではなく、「勝手」に悩むわけです。「気がついたら悩んでいた」という存在が私たちです。

　皆さんも「生まれてやろう」と思ってこの世界に生まれたというよりも、気がついたら「自分がいた」というのが現実ではないでしょうか。私たちは、私たちがまず「ある」ことが先であって、意識は後から生じてくる生き物なのです。

　これまで筆者は、自分が悩んでいて苦しいと思い込んでいましたが、アートマンや識のことを勉強してから、自分の中に「自分である」と意識させている真実の自己があるのではないかと考えるようになりました。

　このように考えていた時に、生理学者のベンジャミン・リベットさんの研究に出会います。彼は、私たちが目的をもって動こうと意識するわずか少し前には、すでに脳がその目的に向かって活動していることを、実験によって計測することに成功しました。

　私たちは、自分の言動は合理的に考えて意識的にやったと説明します。しかし、動かそうと意識する前に、すでに脳が活動をしていることが示されたわけですから、どうやら私たちの意識はそれほど信用できるものではないと考えざるを得ません。まさに自分のあずかり知らない自分、認識されるのではなく、認識する何かがあるような研究結果が示されたのでした。

　この研究と出会い、自分自身を奥で操作している認識と存在の統括者がいる、あるいは、統括する機能を担う部署や働きが、脳にあるのではないかと考えている時に、この考えを確信させる画期的な心理療法に出会いました。

主体性を支える動作療法との出会い

① 動作療法とは

　いきなり動作療法と書きますと、何のことだと思われるかもしれません。動作療法とは、近年、全く新しい心理療法として注目されているものです。この心理療法は、心身の連動の結果として現れる「動き」、すなわち動作に注目し、動作

を通じて心理的な問題を改善、あるいは治療しようという考え方です。

　私たちは、悩んだり、苦しんだり、不安になった時、心の中だけで感じて考えているわけではありません。必ず体も一緒に反応して動いています。

　例えば、悩み事があれば、頭を抱え猫背になるという動作をします。また、気分がいい時には胸を張り、楽しい時には腹を抱えて笑うというように、感情や思考が生じる時には必ず動作を伴います。

　心だけで勝手に感じるということはありません。すべて筋肉の動きが生じています。そのため動作とは、体と心の連携の結果として表れるものであると捉えられます。

　心配のあまり眠れないという現象は、文字通りいつも心配りをしなければならない恐怖の中にいることを表しています。恐怖の中にいる状態では、常に身を守るために身構える動作をするので、筋肉が緊張しすぎて眠れないのです。

　そもそも動作療法の始まりは、脳性マヒの青年が催眠状態になった時に、動かしたことのない腕を動かすことができたことから始まります。脳性マヒは、脳の病変によるもので、それに関連した体の部位は動かすことはできないと考えられていました。

　しかし、催眠状態では動かすことができたのです。この結果から、どうやら自分の体の動かし方がわからない状態にあって、腕を動かそうとする本人の意思による努力と、緊張して萎縮してしまった筋肉の動かし方を学ぶことで、動くようになるのではないかと考えられました。そして生み出されたのが、動作訓練です。多くの脳性マヒの方が、これまで動かせなかった体の部位を動かすことができるようになりました。

　また同時に、ご家族の方も同じ様に肩の筋肉や腰回りの筋肉の緊張をとり、上手に動かすことができるようになると、気分がよくなり、心も軽くなるという体験をされる方が多いことがわかりました。

　このことから、心理的な問題を抱える方にも応用すれば、問題自体は解決していなくても、余計な気分の落ち込みが減り、その問題に自ら対処していくことができるようになるのではないかと考えられるようになりました。これが、動作療

法です。

② 体と心の連動

　たとえ困難事があっても、心身が上手に連携していれば、それを乗り越えて行く力が私たちにはあります。決して心だけで困難を乗り越えるわけではありません。心の中に湧いてくる様々な思いを整理してみたところで、肝心の体が動くようになっていなくては、心の不調はまた元に戻ります。

　悩んでいる方はたいてい猫背になり、肩に力が入り、体中の筋肉が過度に緊張しています。悩み事のほうに意識が集中し、肝心の心を支える体の存在を忘れてしまっています。これではどんなに心を使って問題に対処しようとしても、体が疲れ切ってしまいます。

　そのため、動作療法は、まずは動作を通じて自分の存在に気がついてもらうために、体と心の両者にアプローチします。そして、問題と正しく向き合う姿勢を作ります。もちろん、悩んでいる内容にもアプローチします。

　実際に体験していただかないと、その良さをお伝えすることが難しいのですが、股関節を緩めて、骨盤を正しい位置にもっていくことができると、非常に自分の体が軽くなり、気分が晴れるという体験をすることができます。

　筆者も動作療法を臨床現場で活用していますが、心の中の思いを言葉によるコミュニケーションだけでやりとりするよりも、動作を通じてコミュニケーションを行うことで、より早く解決することが多いことを体験しています。

　動作や姿勢は、その人が人生を生き抜くために身につけた構えです。すぐにその身構えを変更することは、その人のこれまでの生き方を壊すことになります。ですから実際には、徐々に自身の筋肉の緊張している部分や姿勢に、意識的に気をつけるようにしてもらいながら、自己の体と心をコントロールすることを学んでいただきます。

　魔法のように、すぐには解決しませんが、言葉だけの心理療法よりも、はるかに早く改善や解決がなされます。なぜなら、私たちは、体と心を連動させて生きている生き物だからです。

③ 動作療法の人間観

　なぜ、この動作療法に心の悩みを解決する効果があるのでしょうか。そこには、従来の心理療法がもつ人間観とは全く異なる視点があるからです。私

たちは、つい、人間の在り方を体と心に二分して捉えてしまいます。このような視点は、うつ病の方やひきこもり状態の方に対して、「根性がない」とか、「やる気を出せばいいのだ」という根性論をはびこらせます。また、病気になれば、安易に薬に頼り、「薬さえ飲んでおけばよい」という心を忘れた考えを根強いものにします。

　しかし、私たちは、体と心をもった、いのちある生き物です。動作療法は、心身を使いこなして生きようとする、体の持ち主（主体）である「私」という観点を重視し、「心身一体」の視点から人間を捉えます。

　そもそもストレスが溜まったら、なぜ胃に穴が開くのでしょう。なぜ円形脱毛症になるのでしょう。なぜ食べ過ぎてしまうのでしょう。悲しいことがあると、なぜお酒を飲むのでしょうか。

　そうです。私たちの体と心は、常に一体的活動を行い、いのちはこの人生を必死に生きようとしているのです。動作療法は、体と心の連動の表れとしての動作に注目し、動作を通じて両者にアプローチし、心身の主体である「私」が、活き活きと人生を歩むことができるように、その主体性を支える心理療法なのです。

主体と霊性
① 　**自殺防止の現場から**
　動作療法は、心身を動かそうとする自分を「主体」と呼んでいますが、あくまでも科学的思考法をもとにした心理療法ですから、「私」という自分自身のことを「主体」と便宜的に表現しています。

　筆者は、真言宗の僧侶である一方で、臨床心理士でもありますから、心理臨床現場では、宗教的なお話をすすんではしません。しかし本書は、真言密教について記していますので、この「主体」について一歩踏み込んで宗教的な視点から、筆者の仮説を述べたいと思います。

　まず、筆者は、動作療法の主体を霊性と捉えています。その意味するところは、「意志するいのち」です。そして、その意志するいのちが目に見える

ものとして表現されたのが「意思」です。意志とは生きようとする根源的なエネルギーを、意思とはそのエネルギーが情動や思考、行為として表現されるものとして捉えています。

このように考えるようになったのは、筆者の研究分野および臨床経験がもとになっています。その研究分野とは、自殺を考える方の心理的特徴を把握すること、そしてご遺族の悲嘆を少しでも軽くするための心理的支援の在り方を検討することです。特に、自殺について考える時、いのちある生き物について考えさせられることが多々あります。

現在、筆者は、微力ながら自殺防止活動のお手伝いをしています。和歌山県の白浜町には、風光明媚な観光名所である三段壁があります。この地は自殺の名所としても有名な場所です。

この三段壁には公衆電話が設置されており、死を考えて訪れた方が、死を思いとどまって電話をかけてきます。その電話の先には、この地で保護活動と自立支援をしているNPO法人白浜レスキューネットワークがあります。この団体は、白浜バプテストキリスト教会内にあり、理事長は牧師さんです。

この団体の活動のお手伝いをする傍ら、筆者は保護された方のインタビュー調査を行っています。保護された方は、様々な事情でこの地を訪れています。今まさに自殺を諦めた方のお話をお聴きしていると、時折、すぐ傍にいるのにもかかわらず、「この人、今、何だか、遠いなぁ…」と、相手の方がとても遠くにいる感じを受けることがあります。

また、この地に来る前に自殺未遂をしている方もいます。その時の体験をお聴きすると、「なんだかよくわからないけど、いつの間にかしていた」とか、「紙一重のような感じ」といったお話をされます。

これらのことから、死を真剣に考えている時には、自己のコントロール力が失われた感じを体験されていたのではないかと思います。

つまり、自殺という切羽詰まった状況にある時、体と心とは別の「何か」が、自分自身から離れようとしている状態にあるのではないかと考えるようになりました。

また、自殺研究の第一人者であるシュナイドマン博士は、自殺は辛く苦しい意識を止めるために行われると指摘し、遺稿の中で「精神の中にはそれ自

体の精神があることも信じている」と述べられています（シュナイドマン,2009）。この辛く苦しい意識とは、自分を自分であると認識している意思であり、また、「それ自体の精神」とは、意志するいのちであると筆者は考えています。

② いのち存在の在り様

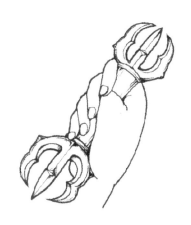

まとめますと、自殺の危険が迫っている時には、意志するいのち、心、体、自分意識（意思）の四つが上手に連携することができていないのではないかと思います。

意志するいのちは生きたがっているのに、心は辛く苦しい思いに支配され、体は自分の思い通りに動かなくなる状況にあるため、意思が混乱して体と心を捨てるのではないかという仮説です。

次ページ図表9にこの仮説を示しました。この図表は、真言密教の教え、そして、動作療法の実践と自殺防止の活動現場から導かれた自殺を理解するための概念図です。

心は「死にたい」、「苦しい」、「もう駄目だ」と否定的な感情に支配され、体は「眠れない」、「だるい」、「痛い」という躍動感を失った状態にあります。自己の内部では自己コントロール不能という事態が生じており、他の選択肢を考える余裕がなく、「もはやこの状況から抜け出すしかない」という心理的視野狭窄の状況になっていることが想像されます。

そのため、自殺とは、自分意識がその苦しさのあまり「死ぬために死ぬ」のではなく、「生き延びるために死ぬ」という逆説的な行動であるといえます。

自殺を自己の内部の連携がうまくいっていない状態だと考えるならば、心身にアプローチする動作療法は、意志するいのちと意思の自己コントロール性を取り戻すための最良の方法ではないかと筆者は考えています。

そして、意志するいのちとしての霊性が、この体と心を使って生きており、一方で、自分のことを認識する意思が誤って苦悩しているのではないかと考えています。

【図表9　自殺を理解するための概念図】

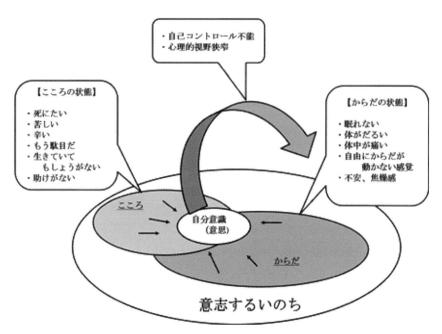

※図中の小さい矢印はこころとからだの不調によって自分意識（意思）が追い詰められていく様子を表しています。また、大きな矢印は自分意識（意思）がこころとからだから飛び出していく様子を表しています。

　真言密教の教えに照らし合わせれば、意志するいのちとは大日如来であり、意思が執着と欲望によって維持せしめられている識に該当すると思います。意志するいのちに気がつかず、意思しているほうが自分だと思っているが故に、いつまでも輪廻転生すると考えることができます。

他の宗教の教えからの気づき
① キリスト教の教え
　一方、筆者は、白浜バプテストキリスト教会の牧師先生に、聖書についていろいろ教えていただく機会があり、真言密教との異同について考えさせられることが多々あります。また、月1回の頻度で、高野山の麓にある病院

で緩和ケアチームの一員として参加し、患者さんをスピリチュアルな観点からケアをすることもしています。

先にも触れましたが、スピリチュアルケアというと、妖しげな意味にとられやすいですが、非常に現実的な視点をもって、死と向かい合っている方々をケアすることを目的としています。

死を意識せざるを得ない状況にある人にとって、霊性や死後に関することが話題になるのはよくあることです。その人のケアを行うためには、霊性について真剣に考え、宗教的視点からの学びを行うことが求められます。

また、キリスト教について教えていただくと、私たちの存在についてしっかりとした教義があることがわかります。私たちは、肉体と霊に分かれ、霊をケアすることとは、まず霊が苦しまないように肉体をケアすることであると考えます。

したがって、欧米では、積極的に医療用麻薬を使用して肉体の苦痛を緩和し、可能な限り霊が肉体のことで苦しまないようにします。その苦しみが減れば、自身の人生について振り返り、家族と最後の時を分かち合い、また、神様との関係に想いを巡らすことができる時間と余裕が生まれます。このような考えから他者を全人格的にケアする姿勢に、筆者は感服します。

② 的外れ

ところで、鏡を見ることや他者と比較することによって、さらに自己理解が深まるのと同じように、キリスト教の教えを学ぶことで真言密教の教えの理解が深まりました。

筆者が抱える罪悪感の問題とも関連しますが、キリスト教の本質を表すキーワードの一つに、人間がもつ原罪があります。この言葉は、漢字で書いてしまうと、救いようのないものすごく悪い性質が私たちにはあるように感じられます。しかし、原罪と邦訳されている言葉は、ギリシャ語では「的外れ」を意味します。「的外れ」とは、神様のご意志から外れているということを指しています。

つまり、神様のご意志から外れたことをなすことが罪であり、原罪とは、アダムとイヴが善悪と知識の樹の実を食べたことに始まる的外れのことで

す。神様のご意志は人間では思議することができません。苦しいことであっても、安らぎであっても、日々与えられることに感謝し、神様のご意志を受け入れることを実践するのがキリスト教の教えだと思います。

　それに疑問を抱くこと自体が的外れなのです。これを知った時、飛び上がるほどの衝撃を受けました。なぜなら、真言密教の教えと共通する構造があることに気がついたからです。

　無理を承知でこの構造をお釈迦さまの教えに当てはめてみれば、的外れは無明や不思議と同じことを意味しているのではないでしょうか。

　無明とは、「この世界は自分の思い通りにならないこと」を知らずにいることでした。そして、法という大いなる在り様は、小さな存在である自分の思議の及ばないものです。

　教義上の違いはあれども、両者ともに目の前で生じることに「自分勝手な思いを馳せるな」といっているのだと思います。そして、自分勝手にしてしまうその主体者は誰かといえば、まごうかたなき肉体をもった自分です。

　その自分の主体とは、キリスト教であれば霊であり、真言密教であれば識ということになります。

抜苦与楽（ばっくよらく）と転識得智（てんじきとくち）

①　新しい世界観と生きる意味

　先に提示した仮説（図表９）が科学的検証に耐え得るかどうかは今後の課題ですが、筆者はこれまでの学びと体験から自分が認識している範囲外のところに、自分の体と心をコントロールする意思と意志するいのち、としかいいようのない霊性を考えています。

　そして、いのちが本来の自分であって、自分が勝手に体と心を自分のものだと思い込んでいるが故に、苦しみが生じるという、真言密教の教えを、意識することを心がけるようにしています。

　自殺防止の活動現場や動作療法の実践と理論の学びは、仏典の理解を促進してくれました。例えば、お釈迦さまが苦行をやめた理由を話されている経典があります。そこでは、体が疲弊すれば心が乱れ、心が乱れれば瞑想による精神統一の

楽しみを得ることができないと話されています。

　また、別の経典では、常に手足や体の動きをコントロールし、良き姿勢を保った上で瞑想をすることを説いています。心の統一の前に、必ず体の姿勢、動きに意識を集中せよと言っています。

　仏教では、心が重視されているように思われますが、このようにお釈迦さまは、心の乱れの原因には体の乱れがあることを指摘していますから、体と心の両者をしっかりとコントロールすることの重要性を説かれているのです。

　そして、これを誰がするのかといえば、生きている自分以外にはありません。筆者が高野山にきた時は、「何故、これほどにも自分に罪を感じて苦しいのか」ということに悩まされていました。しかし、それは自分が勝手に自分の人生の中で作りあげてきた自己像、そして、世界観が原因であったことに気がついたが故に楽になりました。

　筆者の主観的世界にとっては、真言密教という新たな大いなる世界観が救いになりました。それは、自分が生きているのではなく、自分を動かしめている意志するいのちが生きており、また、そのいのちはすべての生き物とつながっているのだという世界観です。

　であれば、今生での自分の役割は、このいのちを寿命の限り活かし続けるしかありません。「いのちを正しく活かし続けること」、これが有情の生きる意味です。

② 真言密教の本質

　これまで記してきたことをまとめてみましょう。苦しみから解放される一つの道として自己放棄を指摘しました。そして、そのためには、日常生活で起きる出来事に一喜一憂する自分意識を手放し、本来のいのち存在としての自分の在り様を観ることに尽きます。

　罪悪感型であれ、自己不全型であれ、また、絶望的な体験をされた人にとって、人生で生じる出来事に自分勝手な意味づけをしていることに気がつくこと、そして、自分がなすべきことをなすことが抜苦与楽につながります。

　また、自分は、法身大日如来の顕現の一形態であり、もと

をたどれば大日如来であることに気づくことで、平穏が訪れるというのが真言密教の教えです。

そして、大日如来の顕現である、自分の心身が新たなる業を作らないように、自己コントロールして寿命を全うすることが有情の生き方です。

自分が意識し認識している存在が自分自身なのではなく、その存在を認識する奥の奥に自分を動かしめている意志するいのちがあり、そのいのちが自分を生きていると思えた時、自身のことが少し愛おしく思え、自分の存在を赦すことができるようになると思います。

執着と欲望によって維持せしめられている識が、いずれの日か、執着と欲望から離れ、単なる縁起によって生じていることを正しく観ることができるように、そして、この識を遍満する智に転換できるように精進することで安楽が得られるでしょう。即身成仏とは、転識得智にほかなりません。

自分の人生は自分で決めていると思っている方からすれば、これまで書いてきたことについて、何を勝手に一人で悩んで苦しんでいるんだと思われるかもしれません。また、真言密教を含めて、宗教とは無縁で人生を過ごされる方もいらっしゃると思います。

しかし、罪悪感や罪責感に支配されてしまうことは、とても苦しいことです。お釈迦さまも、勝手に一人で悩まれて出家し、苦行を捨て、法を観ることで覚られました。お釈迦さまの家族も、何をそんなに悩んでいるんだと困っていたようです。お大師さまも然りです。お釈迦さまやお大師さまの苦悩は、ご本人さんだけにしかわかりません。しかし、ご自身の苦と真剣に対峙し、真理を観られたからこそ、有情に説法をされ、寿命を全うされたのだと思います。

自分自身が苦しみを抱え、人生が苦しいという方にとって、真言密教は、まぎれもなく抜苦与楽の教えであると思います。

第6章　密教的生き方の心得

1　現実の生活で活かす

　いよいよ最後の章になりました。ここでは、日常生活で真言密教の教えを活かしていくための心得について述べていきたいと思います。

真言密教の真髄
　ここまで読まれた方は、真言密教を学び即身成仏するためには出家する必要があるのではないかと考えるかもしれません。特に、三密行や護摩なんて自分にはできないと思う方もいらっしゃるでしょう。
　お釈迦さまは、どちらかといえば、出家主義が強い方でした。日常では誘惑も多く、自分の執着と欲望から離れることが難しいことを知っていたからだと思います。
　しかしご安心ください。大乗仏教の流れにある真言密教は、出家と在家の区別なく、誰でも学び実践できます。なぜなら、自分の存在が大いなる霊性である大日如来と同じであり、心の醜い人も、素晴らしい人も、みんな自分であると正しく観ることを心掛ければよいからです。それは、執着も欲望も含めて、すべて清浄であるという大肯定の世界の中に生きることです。
　この境地は、聖と俗も、彼岸と此岸も、善と悪も、愛と憎もすべてが一つになる世界です。
　真言密教は、衆生救済を高らかに宣言しますから、すべてが自分であるこの世界において、如来の慈悲を実践することが問われます。辛く苦しんでいる人がいればその辛苦を共にし、喜び楽しんでいる人がいれば共にその歓喜を味わう。これが真言密教の教えの真髄です。

お釈迦さまの日々の生活
　ところで、筆者は、お釈迦さまの一日の過ごし方を知って、不思議に思うことがありました。お釈迦さまは早朝に起きて、午前中は沐浴と托鉢をし、食事をしていました。午後は説法や人の悩みを聴き、瞑想をしていました。
　また、月に数回はお弟子さんたちとともに、自分が悪

しき行いをしていないかどうかの懺悔の会を開催していました。お釈迦さまは、すでに如来となっているのですから、改めて瞑想や懺悔をする必要があるのだろうか、と疑問に思っていました。

しかし、お釈迦さまがお亡くなりになる前に体調をくずされた時、背中の痛みを訴え、水を飲みたいと欲したことを知り納得がいきました。

お釈迦さまといえども生命欲もあれば食欲もあり、病気にもなるし、水を欲しがる人間なのです。人間であるお釈迦さまにも、日々の生活の中では辛いこと悲しいことがあったのではないかと思います。

例えば、お釈迦さまの教えを理解しないで強引にお布施をまきあげたり、喧嘩をしたりするお弟子さんがいました。その度に、彼らを教団から追放するのか、それとも許すのかといった裁定を行っていたようです。お釈迦さまの心労もいかばかりかと、心中をお察ししないではおられません。

同じように、私たちの日常生活でも、自分の予期せぬことが起こります。自分の意思とは関係なく太陽は昇り、天気は刻々と変化します。他者には他者の意思があります。たとえ家族であっても、自分の思い通りにはなりません。このように現実社会で生活することは、日々の出来事に翻弄され、自分の感情を動かされることであるともいえます。

生きていれば、喜怒哀楽の感情が生じるのは当たり前のことです。しかし、この感情の世界に呑まれるが故に、私たちは嘆き、他者を嫌い、敵意を抱き、あるいは、過剰に愛を抱いてしまい、延々と苦しみ続けることになります。

お釈迦さまは、この感情の世界に呑まれずに「なすべきことをなせ」と強く説かれました。また、お釈迦さまも、これら日常の出来事によって感情が動かされていたために、瞑想によってご自分の観られた真理の世界を再確認し、心を落ち着けていたのではないかと思います。

そして、慈悲の心があるが故に、寿命の尽きるまで説法し、多くの苦しむ人々を救い続けました。お釈迦さまのように、他者のために慈悲の実践をすることが密教的生き方です。

2　毎日の行動指針

真言密教の教えと生活の指針

　では、在家のものはどのようにして真言密教を学び、お釈迦さまのような行動をすればいいのでしょうか。

　この本の最初に触れましたように、高野山真言宗の標語は「生かせいのち」です。お釈迦さまと同じように、慈悲の心をもって自と他のいのちを活かす行動を行うことが如来の証です。その具体的な方法を示したものが、『在家勤行次第（ざいけごんぎょうしだい）』です。この次第には、真言密教の教えと生活の指針が端的に記されています。

　真言宗の檀家さんであれば、家の仏壇にはたいてい『在家勤行次第』が置いてあると思います。筆者も真言宗の家に生まれましたので、小さい頃からこの次第をお唱えしていました。

　しかし、ただお唱えをしているだけでは、あまり意味がありません。真言には不思議な力があるとは言っても、真言密教の教えは、お大師さまが苦悩の中で出家され、膨大な量の経典を学び、いのちがけで唐に渡った末に至った世界です。さすがに、その教えを学ばずして、真言を唱えているだけで抜苦与楽（ばっくよらく）の境地に至ろうとするのは、いくらなんでもむしが良すぎます。

　「一切は苦である」と観るのは難しく、ともすれば私たちは、幸せを望むものです。しかし、真言密教では現実社会における楽しみや幸せといった、享楽の感覚は求めていません。そのような享楽は、終わってしまえば、必ず虚しさや疲れが襲ってくるためです。宴会の後の虚しさのようなものです。

　享楽の後には必ず苦が訪れると正しく捉え、目先の幸せを求めてはならないとお釈迦さまは教えます。この教えを学び体得すれば、静かな、そしてもう苦しみに悶えることのない安楽が訪れると説きます。

　このことを念頭に置きながら、ここでは高野山真言宗が発行している『仏前勤行次第（ぶつぜんごんぎょうしだい）』を紐解いていきましょう。『在家勤行次第』と中身はほぼ同じものだと思います。

3　仏前勤行次第解説

『仏前勤行次第』は、朝に夕にご先祖さまの供養のためだけにお唱えするのではありません。今生で生きている私たちもその教えを学ぶために作られています。自分もご先祖さまも共に学ぶための次第ですから、その意味を噛みしめながらお唱えいただければと思います。

① 合掌礼拝

> 恭しく　みほとけを　礼拝し奉る

これから仏菩薩に教えを請いますので、合掌し頭を下げます。

② 懺悔

> 我昔所造諸悪業　皆由無始貪瞋痴
> 従身語意之所生　一切我今皆懺悔
> 意訳：無始よりこのかた　貪瞋痴の煩悩にまつわれて　身と口と意とに造るところの　もろもろの　つみとがを　みな悉く懺悔し奉る

この偈文が、真言密教の真髄を最もよく表しています。わかりやすく表現すれば、「この私は、今生で人間界に生まれるまでの途方もない時間、執着と欲望によって自分の思い通りにしたいと考えて罪を作り続けてきました。今、ここに懺悔します」となります。

貪瞋痴とは、三毒といわれる心の汚れ（煩悩）です。私たちは、欲望による貪りと終わることのない瞋恚（怒り）をもち続け、仏菩薩の教えを知らない痴れ者であることの自覚を宣言します。

お釈迦さまの時代から、お釈迦さまとお弟子さんが集まって、自分の日頃の行いについて反省し、懺悔する会が持たれていました。自分のことを告白すると同時に、自分の行為をみつめなおす機会となっていました。

　お釈迦さまは、常に自己反省を行い、三毒に支配されないように自己コントロールすることを教えます。まず、この気持ちにならなければ、いくら覚りたいといっても一生かなわないでしょう。

　ところで、覚ることができるのは、人間界に生まれた時だけだと考えられています。お釈迦さまも人間界に生まれて如来になりました。これは、如来の教えに気がつくことができるのは、人間界にいる時だけであることを意味します。

　天界は、有情が望むものはほとんど手に入るすばらしい世界です。例えば、空腹になればすぐにお腹が満たされます。しかし、天界といえども、欲界の一つですから、寿命が尽きれば死にます。苦しみもほとんどありませんから、自己反省することなく、自ら研鑽して徳を積む機会はありません。

　そのため、これまでに蓄積した善き業が尽きれば、来世は地獄界や餓鬼界に生まれ変わる可能性もあります。天界に生まれ変わっても、素直には喜べません。

　また、地獄界は鬼による責め苦が延々と続き、餓鬼界は常に空腹です。畜生界は捕食のし合いで、阿修羅界は醜い戦いを続けます。

　これらの世界では、自己反省し、自己コントロールする機会すらありませんから、善き行いをすることも大変難しくなります。

　そのため、真言密教では、人間界に生まれたことを「有り難いことである」と強調します。なかなか覚る機会は得られませんので、気がついた時からすぐに実践されることをお勧めます。

③ 三帰(さんき)

> 弟子某甲(でしむこう) 尽未来際(じんみらいさい) 帰依仏(きえぶつ) 帰依法(きえほう) 帰依僧(きえそう)
> 意訳：この身今生(みこんじょう)より未来際(みらいさい)をつくすまで深く三宝に帰依(きえ)し奉(たてまつ)らん

　これは、今より輪廻の世界から解脱するまで、仏法僧(ぶっぽうそう)(三宝(さんぽう))に帰依することを誓う文言です。信心を起こして教えを敬いますと誓います。
　筆者は、子どもの頃から弟子某甲(でしむこう)の意味がわからず、単に有り難い言葉なのかなと思っていました。高野山に来てから恥ずかしくなりましたが、これは弟子何某(なにがし)という意味です。
　本来は、某甲のところに自分の名前を言います。つまり、「お釈迦さまの弟子である私」は、未来永劫、仏と教えと僧侶の集まりに帰依しますと宣言するのです。
　僧侶の集まりに帰依するとは、具体的にはお寺や僧侶の活動拠点にお布施をすることです。なぜなら、仏法を説く僧侶がいなければ教えが広まらないからです。

④ 三竟(さんきょう)

> 「弟子某甲(でしむこう) 尽未来際(じんみらいさい) 帰依仏竟(きえぶっきょう) 帰依法竟(きえほうきょう) 帰依僧竟(きえそうきょう)」
> 意訳：この身今生(みこんじょう)より 未来際(みらいさい)をつくすまで ひたすら 三宝に帰依(きえ)し奉(たてまつ)り とこしなえにかわることなからん

　三竟は、三帰に似ていますが、仏法僧の後にそれぞれ「竟」の字がついています。三帰は「これから帰依します」という宣言でしたが、「竟」は「おわる」、「ついに」という意味ですから、ここでは「私はすでに仏法僧に帰依しています」という報告になります。

⑤ 十善戒
じゅうぜんかい

```
弟子某甲　尽未来際　不殺生　不偸盗　不邪淫　不妄語　不綺語
不悪口　不両舌　不慳貪　不瞋恚　不邪見
意訳：この身今生より　未来際をつくすまで　十善のみおしえを守
り奉らん
```

　十善戒は、真言密教の教えを学ぶための最低限の約束事であり心得です。ここで、これらの約束を守りますと宣言をします。

　戒というと、誰かから命令されるイメージをもたれるかもしれません。しかし、戒と訳された言葉の原義は「誓い」を意味しています。

　真言密教は、あくまでも自覚の宗教ですから、誰かに命令されたりするものではありません。「自ら守ります」と宣言するわけです。

　そのため、戒を守らない人は、自分にも他者にも嘘をつく人であると思われ、周りから信頼されなくなります。結局、自分が苦しむことになります。このように、あくまでも自分の人生は自分が背負うという教えです。

⑥ 発菩提心
ほつぼだいしん

```
おんぼうじ　しった　ぼだはだやみ
意訳：白浄の信心を発して　無上の菩提を求む　願わくは自他もろ
ともに　仏の道を悟りて　生死の海を渡り　すみやかに解脱の彼岸に
到らん
```

　ここで初めて真言が出てきました。真言密教では、第4章でも述べたように菩提心を重視します。菩提心には、菩提（覚り）を求める心と、本来、自分は大日如来と他ならない心、の二つがあります。

　前者は自分が四聖諦の道理を十分に知らない凡夫であるという自覚であり、後者は自分が大日如来であるという自覚です。

　また、「発」とは、起こすという意味ですから、ここではこの両者の心をしっかりと観て、如来の行いを実践することを宣言します。

120　第6章　密教的生き方の心得

⑦ 三昧耶戒(さんまやかい)

> おん　さんまや　さとばん
> 意訳：われらはみほとけの子なり　ひとえに如来大悲の本誓を仰いで不二の浄信に安住し　菩薩利他の行業を励みて　法身の慧命を相続し奉らん

　三昧耶戒とは、お大師さまが説かれた信心、大悲心、勝義心、大菩提心の四つの心を発(おこ)し、真言宗の僧侶や在家者が守るべき根本的態度を誓うための戒です。

　信心は仏教を信奉すること、大悲心はあらゆるいのちに慈悲の心をもつこと、勝義心は如来の智慧をもつこと、大菩提心は真言密教の覚りを体現すること、すなわち、如来の行いをすることを表しています。

　この真言は、「すべての生きとし生けるものはすべて平等である」ということを意味します。

　すべての現象せるものは、大日如来のレベルではみな同じであるとの境地です。この真言が、真言密教の真髄を如実に表しています。

　この境地に至るように、しっかりとお唱えいただき、三昧耶戒を心に刻んでいただければと思います。

3　仏前勤行次第解説　121

⑧ 開経偈(かいきょうげ)

> 無上甚深微妙法(むじょうじんじんみみょうほう)　百千万劫難遭遇(ひゃくせんまんごうなんそうぐう)
> 　　　　　　我今見聞得受持(がこんけんもんとくじゅじ)　願解如来真実義(がんげにょらいしんじつぎ)
> 意訳：無上甚深微妙(むじょうじんじんみみょう)の法(ほう)は　百千万劫(ひゃくせんまんごう)にも遭(あ)い遇(あ)うことかたし　われ今見聞(いまけんもん)し受持(じゅじ)することを得(え)たり　願(ねが)わくは如来(にょらい)の真実義(しんじつぎ)を解(げ)し奉(たてまつ)らん

　この偈文(げもん)は、真理を綴った経文(きょうもん)に出会ったことを喜び、仏菩薩にその経文の語る真実の教えをお説き下さいとお願いをする内容です。
　「百千万劫難遭遇(ひゃくせんまんごうなんそうぐう)」とは、途方もない時をかけて輪廻を繰り返し、ようやく人間界に生まれて仏菩薩の教えに出会ったということを意味します。
　また、「我(が)」という言葉に注目してください。漢文のため、ついそのまま読み流してしまいますが、懺悔(さんげ)にもあるように、ここでも「私は」と主語が明確になっています。あくまでも、自分が仏菩薩に「教えをお説き下さい」とお願いをしている、という自覚が求められます。

⑨ 般若心経(はんにゃしんぎょう)

仏説摩訶般若波羅蜜多心経

観自在菩薩　行深般若波羅蜜多時　照見五蘊皆空　度一切苦厄

舎利子

色不異空　空不異色　色即是空　空即是色　受想行識　亦復如是

舎利子

是諸法空相　不生不滅　不垢不浄　不増不減　是故空中

無色無受想行識　無眼耳鼻舌身意　無色声香味触法　無眼界

乃至無意識界　無無明　亦無無明尽　乃至無老死　亦無老死尽

無苦集滅道　無智亦無得　以無所得故

菩提薩埵　依般若波羅蜜多故　心無罣碍　無罣碍故　無有恐怖

遠離一切顛倒夢想　究竟涅槃

三世諸仏　依般若波羅蜜多故　得阿耨多羅三藐三菩提

故知般若波羅蜜多　是大神呪　是大明呪　是無上呪　是無等等呪

能除一切苦　真実不虚　故説般若波羅蜜多呪

即説呪曰

掲諦掲諦　波羅掲諦　波羅僧掲諦　菩提薩婆訶

般若心経

3　仏前勤行次第解説

意訳：般若心経は 仏教の精要 密蔵の肝心なり このゆえに誦持講供すれば苦を抜き楽を与え 修習思惟すれば道を得 通を起す まことにこれ世間の闇を照らす明燈にして 生死の海を渡す船筏なり 深く鑽仰し 至心に読誦し奉る

仏の説きたまえる摩訶般若波羅蜜多心経

(高野山大学四度加行時配付資料より)

観自在菩薩は、深般若波羅蜜多を行ずる時、「五蘊は皆な空なり」と照見して、一切の苦厄を度したもう。

舎利子よ。

色は空に異ならず。空は色に異ならず。色は即ち是れ空。空は即ち是れ色。受も想も行も識も、亦た復た是の如し。

舎利子よ。

是の諸法の空の相は、生ぜず、滅せず。垢つかず、浄からず。増さず、減らず。

是の故に、空の中には、色も無く、受も想も行も識も無し。眼耳鼻舌身意も無く、色声香味触法も無く、眼界も無く、乃至意識界も無し。

無明も無く、亦た無明の尽くることも無し。乃至、老死も無く、亦た老死の尽くることも無し。

苦も集も滅も道も無し。智も無く、亦た得も無し。所得無きを以ての故なり。

菩提薩埵は、般若波羅蜜多に依るが故に、心に罣礙無し。罣礙無きが故に、恐怖有ること無し。

一切の顛倒と夢想を遠離して、涅槃を究竟す。

三世の諸仏も、般若波羅蜜多に依るが故に、阿耨多羅三藐三菩提を得たまえり。

故に知るべし。般若波羅蜜多は、是れ大神呪なり。是れ大明呪なり。是れ無上呪なり。是れ無等等呪なり。

能く一切の苦を除く。真実にして虚からず。故に般若波羅蜜多の呪を説くべし。

即ち呪を説いて曰く、

ぎゃてい ぎゃてい はらぎゃてい はらそうぎゃてい ぼうぢ そわか

般若心経

ここでの意訳には、般若心経のすばらしさを讃える偈文と、筆者が高野山大学の加行道場にて、四度加行を修した時にいただいた書き下し文を掲載しました。『仏前勤行次第』には、般若心経の書き下し文が掲載されていませんので、参考にしていただければと思います。

　偈文では、般若心経は、真言密教の本質的な教えを説いていると述べられています。これをお唱えし、人に講義し、供養すれば、あらゆる有情の苦しみを救い、安らぎを与えることができます。また、これをしっかりと学ぶことで仏菩薩の境地に至ることができ、神通力を得ます。まさにこれは、無明を除くためのお経であるといえます。

　特に、「このゆえに誦持講供すれば苦を抜き楽を与え　修習思惟すれば道を得　通を起す」の一文は、お大師さまが般若心経を密教の立場から解釈して書かれた『般若心経秘鍵』にあります。

　ここで神通力について少し解説をしておきましょう。神通とは、私たちの思議の及ばない、人知を超えた仏菩薩などがもつ神変不思議の力のことです。

　一般に、仏典では六神通といわれ、なんでも見通す天眼通、あらゆる音を聴く天耳通、他人の心が読める他心通、過去世のことを思い出す宿命通、自分の煩悩が尽きて、もはや再生はないことを知る漏尽通、そして、これら以外の力、例えば、変化することや飛行することなどを含めた神足通があります。

　これらは、いわゆる超能力といわれるものですが、真言密教はこのような超能力を身につけることを目的とした教えでは決してありません。

　神通力とは、般若心経の教えをしっかりと理解することができれば、自然と身についてしまうものであり、苦しんでいる他者のために発揮される不思議の力です。

　仏菩薩などは、これらの力をそれぞれの役割に応じて発揮することになりますし、それらの力を受け取るためには、それ相応の心構えが有情に求められます。また、他者に講義し供養する必要がありますから、やはり真言密教のことを勉強しなくてはなりません。このように神通力は、利己的な考えだけでは身

につけることができないものなのです。

　次に書き下し文について触れます。これは筆者が加行中、食事(じきじ)の時にお唱えをしていたものです。お経が説いている意味を理解するためには、漢文で読むだけではなく、書き下し文で読むこともやはり必要だと思います。般若心経を漢文のままお唱えすることと、書き下し文でお唱えすることの両方をお勧めします。

　般若心経は有名ですから、細かい解説については他書に譲ります。巻末の参考文献をご参照ください。ただ、一点だけ覚えておいていただきたいことがあります。

　このお経の内容は、観自在菩薩(かんじざいぼさつ)がすべては空であると正しく観て、あらゆる苦しみを除いたその心境を、お釈迦さまの直弟子であった舎利子(しゃりし)（サーリプッタ）に説法をしているものです。

　般若心経の最後のところに「即説呪曰(そくせつしゅわつ)（即ち呪(しゅ)を説いて曰(いわ)く）」とあります。呪は真言を意味しています。この文言は「これまでの説法の内容はすべて次の真言で表せますよ」といっています。つまり「ぎゃてい　ぎゃてい〜」をお唱えすれば、無明がなくなり覚ることができるというわけです。

　お大師さまも『般若心経秘鍵』の中で「真言は不思議なり　観誦(かんじゅ)すれば無明を除く」と書かれています。般若心経の説く法を正しく観てお唱えすれば、無明はなくなると仰っています。そのため、この真言が般若心経ではもっとも重要な部分であり、真言密教においては、空を観ることの真理はこの真言にあると考えます。

　もっとも、この真言に至る前に、空の理論を説いていますから、真言をお唱えすると同時に、真言密教についても正しく学ぶ必要があることはいうまでもありません。

⑩　**本尊真言**(ほんぞんしんごん)

　ここでは、ご自身が祈願したい仏菩薩の真言をお唱えください。また、寺院巡りなどをされて仏前勤行をなされる場合は、その寺院でお祀りされている仏菩薩の真言をお唱えください。

⑪　十三仏真言

一、不動明王（初七日忌）
　のうまくさんまんだ　ばざら　だん　せんだま　かろしゃだ
　　　　　　　　　　　　そわたや　うんたらた　かんまん
二、釈迦如来（二七日忌）
　のうまくさんまんだ　ぼだなん　ばく
三、文殊菩薩（三七日忌）
　おん　あらはしゃのう
四、普賢菩薩（四七日忌）
　おん　さんまや　さとばん
五、地蔵菩薩（五七日忌）
　おん　かかかび　さんまえい　そわか
六、弥勒菩薩（六七日忌）
　おん　まいたれいや　そわか

七、薬師如来（七七日忌）
　おん　ころころ　せんだり　まとうぎ　そわか
八、観世音菩薩（百日忌）
　おん　あろりきゃ　そわか
九、勢至菩薩（一周忌）
　おん　さんざんさく　そわか
十、阿弥陀如来（三回忌）
　おん　あみりた　ていせい　から　うん
十一、阿閦如来（七回忌）
　おん　あきしゅびや　うん
十二、大日如来（十三回忌・十七回忌）
　おん　あびらうんけん　ばざら　だとばん
十三、虚空蔵菩薩（三十三回忌）
　のうぼう　あきゃしゃきゃらばや　おんありきゃ　まりぼり　そわか

十三仏真言は、十三の仏菩薩の真言を集めたものです。それぞれの仏菩薩に故人の回忌年代が配されています。これらの真言は、仏菩薩の働きを表すものであり、祈願や故人の追悼をする上でも重要なものばかりです。是非、ご記憶していただければと思います。

　また、筆者の勝手な解釈ですが、十一番目に阿閦如来（あしゅくにょらい）、十二番目に大日如来、十三番目に虚空蔵菩薩（こくうぞうぼさつ）が配置されているのには興味を抱きます。

　阿閦如来は、釈迦如来と同じ、または、金剛薩埵（こんごうさった）と同じであるとされます。金剛薩埵とは、有情（うじょう）の代表者で、お唱えをしている人や故人のことを意味します。

　まず、十一番目の阿閦如来と同じ境地になるようにお唱えします。そして、次の大日如来の真言をお唱えすることで法と一体化します。または、故人にそのような境地に至っていただきます。

　そして最後に、虚空蔵菩薩です。この虚空蔵菩薩は、お大師さまが若かりし頃に、室戸岬（むろとみさき）の洞窟で真理の光を体観された行法（ぎょうぼう）（求聞持法（ぐもんじほう））をなされていた時の本尊さまです。

　阿閦如来となって大日如来と一体化する境地に至った上で、最後には、お大師さまと共に法の世界に往（ゆ）くという、同行二人（どうぎょうににん）の精神が、十三仏真言にも込められているのではないかと解釈しています。

　十三仏真言をお唱えいただけますと、ご先祖さまも故人も、無明の世界から明の世界へと往かれるものと思います。

⑫　光明真言（こうみょうしんごん）

```
おん　あぼきゃ　べいろしゃのう　まかぼだら　まに
　　　　はんどま　じんばら　はらばりたや　うん
意訳：となえたてまつる光明真言（こうみょうしんごん）は　大日普門（だいにちふもん）の万徳（まんどく）を二十三字（にじゅうさんじ）に
摂（あつ）めたり　おのれを空しゅうして一心（いっしん）にとなえ奉（たてまつ）れば　みほとけの
光明に照らされて　三妄（さんもう）の霧おのずからはれ　浄心（じょうしん）の玉（たま）明らかにして
真如（しんにょ）の月（つき）まどかならん
```

　この真言は、光の真言です。大日如来は、遍（あまね）く照らす光であり、すべては

光から生じ光に還ります。また、暗闇に光をあてれば、すべてが明らかに見えるように、この真言は貪瞋痴の三毒にまみれた有情のあらゆる業を払拭してくれるため、真言密教ではこの真言を重宝します。

　また、真言密教では、有情の心は本来清浄であり、善いも悪いもなく、執着と欲望によって汚れているだけだと考えます。まるで泥池の中から育った蓮がきれいな花を咲かせるように、本来、私たちは清浄な生き物です。しかし、そのことに気がつかずに、苦しみの泥水の中で悶えているのです。その悶えを取り除いてくれるのが、この光の真言です。

⑬　御宝号

> 南無大師遍照金剛
> 意訳：高野の山に身をとどめ　救いのみ手を垂れ給う　おしえのみおやに帰依したてまつる　願わくは無明長夜の闇路をてらし　二仏中間の我等を導きたまえ

「遍照金剛」とは、お大師さまが、師僧である恵果阿闍梨から授けられた御宝号です。この御宝号は、金剛（ダイヤモンド）のように永遠不滅の光で遍く照らし、無明を取り除くもの、つまり大日如来そのものを表します。

　「南無」は帰依を意味するサンスクリット語のナマスの音写です。また、「二仏中間」とは、お釈迦さまが入滅した後、未来仏である弥勒菩薩が下生するまでの、仏がいない中間の時、つまり私たちが生きている時代を含んだ時期のことです。

　ここでは、「無明で覆われた私たちを照らし導いて下さい」と、お大師さまに帰依を致します。

⑭ 祈願文(きがんもん)

```
至心発願（ししんほつがん）  天長地久（てんじょうちきゅう）  即身成仏（そくしんじょうぶつ）  密厳国土（みつごんこくど）  風雨順時（ふううじゅんやく）
五穀豊饒（ごこくほうじょう）  万邦協和（ばんぽうきょうわ）  諸人快楽（しょにんけらく）  乃至法界（ないしほうかい）  平等利益（びょうどうりやく）
```

　ここでは、仏菩薩に祈願をします。ここに記されている祈願文は、生きとし生けるものがこの世で飢えることがなく、平和に楽しく生きられますように、そして成仏できますように、との意味です。

　また、ここで、ご自身の祈願したいことをお唱えください。唱えることが誓いになり、仏菩薩の不思議な加持力(かじりき)によって、成就されるでしょう。

⑮ 回向(えこう)

```
願以此功徳（がんにしくどく）　普及於一切（ふぎゅうおいっさい）　我等与衆生（がとうよしゅじょう）　皆共成仏道（かいぐじょうぶつどう）
意訳：願わくは　この功徳をもって　あまねく一切に及ぼし　われら
と衆生と　みなともに仏道(ぶつどう)を成(じょう)ぜん
```

　これまで、自分の至らなさについて懺悔し、仏菩薩の教えを聞きたいですとお願いをしました。また、般若心経からその教えを学び、真言の不思議な力を得ました。そして最後に、この学びを他の苦しむ衆生のために、私は仏教を広めて参りますという宣言をします。

　この『仏前勤行次第』を読誦するのは、この世に生きている自分は三毒にまみれているとの自覚を保ちつつ、本来、自分は大日如来である、ということに気づくためです。

　是非、その学びを現実社会で活かしていただければと思います。真言密教では自分が如来である証を示すことが求められます。

　どうぞ、他者のためにご自分ができることを少しでも行っていただければと思います。

　その行いは菩薩行(ぼさつぎょう)ではなく、如来の顕現(けんげん)になります。もはや行(ぎょう)ではないのですから。

第6章　密教的生き方の心得

4　お釈迦さまの言葉に還って

かれとともに歩め

　筆者の好きなお釈迦さまの言葉に「犀(さい)の角のようにただ独り歩め」というのがあります。どんなことがあっても、犀の角のように真っ直ぐ一人で歩んで行きなさい、というお釈迦さまの厳しい言葉が続きます。

　しかし、一文だけ異なる言葉があります。それは、「もしも汝が、懸命で協同し行儀正しい明敏な同伴者を得たならば、あらゆる危難にうち勝ち、こころ喜び、気を落ちつかせて、かれとともに歩め」です（中村元訳『ブッダのことば』より）。

　人は、一人では生きていけません。自分で背負わなくてはならない業は、自分で背負わなくてはなりません。しかし、自分と他者が同じいのち存在であるとお互いに思い合える人に出会えた時には、共に助け合いながら「なすべきことをなす」ことが最も善きことだと、お釈迦さまは仰っています。

　どうぞ、皆さんも善き人を求め、そして自分も他者にとって善き人になることを目指して、ご自身の有限のいのちを活かし切って、寿命を全うしてください。

　今生での寿命はとても短いのです。皆さんが精進されて、無限のいのちである大日如来のもとに無事に還られることを願っております。

　最後に、お釈迦さまの遺言を記したいと思います。

　「修行僧たちよ。お前たちに告げよう、もろもろの事象は過ぎ去るものである。怠ることなく修行を完成させなさい。」

　　　　（中村元訳『ブッダ最後の旅』より）

　　　　　　　　　　　　合掌

《参考文献》

第1章
- 『岸本英夫集 第一巻 宗教と人間』脇本平也、柳川啓一編（渓声社）1975年
- 『岩波講座 東洋思想 第5巻 インド思想1』長尾雅人、井筒俊彦、福永光司、上山春平、服部正明、梶山雄一、高崎直道共編（岩波書店）1988年
- 『岩波講座 東洋思想 第6巻 インド思想2』長尾雅人他共編（岩波書店）1988年
- 『インドの夢・インドの愛―サンスクリット・アンソロジー』上村勝彦、宮元啓一編（春秋社）1994年
- 『宗教学入門』脇本平也（講談社）1997年
- 『インド思想史』J.ゴンダ著、鎧淳訳（岩波書店）2002年
- 『古代インドの神秘思想 初期ウパニシャッドの世界』服部正明（講談社）2005年

第2章
- 『ブッダの真理のことば 感興のことば』中村元訳（岩波書店）1978年
- 『ブッダ最後の旅』中村元訳（岩波書店）1980年
- 『ブッダのことば』中村元訳（岩波書店）1984年
- 『岩波講座 東洋思想 第8巻 インド仏教1』長尾雅人他共編（岩波書店）1988年
- 『阿含経典による仏教の根本聖典』増谷文雄（大蔵出版）1993年新訂
- 『仏教の思想1 知恵と慈悲〈ブッダ〉』増谷文雄、梅原猛共著（角川書店）1996年
- 『仏教の思想2 存在の分析〈アビダルマ〉』櫻部建、上山春平共著（角川書店）1996年
- 『インド宇宙論大全』定方晟（春秋社）2011年

第3章
- 『岩波講座 東洋思想 第9巻 インド仏教2』長尾雅人他共編（岩波書店）1988年
- 『仏教の思想3 空の論理〈中観〉』梶山雄一、上山春平共著（角川書店）1997年
- 『仏教の思想4 認識と超越〈唯識〉』服部正明、上山春平共著（角川書店）1997年
- 『唯識のすすめ 仏教の深層心理学入門』岡野守也（NHK出版）1998年

第4章
- 『密教・コスモスとマンダラ』松長有慶（日本放送出版協会）1985年
- 『密教 インドから日本への伝承』松長有慶（中央公論新社）1989年
- 『理趣経』松長有慶（中央公論新社）1992年
- 『図説・マンダラの基礎知識 ―密教宇宙の構造と儀礼―』越智淳仁（大法輪閣）2005年
- 『ブッダの瞑想法 ヴィパッサナー瞑想の理論と実践』地橋秀雄（春秋社）2006年

第 5 章
- 『講座宗教学　第 2 巻　信仰のはたらき』脇本平也編（東京大学出版会）1977 年
- 『スピリチュアルケアを語る―ホスピス、ビハーラの臨床から』関西学院大学キリスト教と文化研究センター編（関西学院大学出版会）2004 年
- 『マインド・タイム　脳と意識の時間』ベンジャミン・リベット著、下條信輔訳（岩波書店）2005 年
- 『続・スピリチュアルケアを語る　医療・看護・介護・福祉への新しい視点』窪寺俊之、平林孝裕編著（関西学院大学出版会）2009 年
- 『生と死のコモンセンスブック　シュナイドマン九〇歳の回想』エドウィン・シュナイドマン著、高橋祥友監訳（金剛出版）2009 年
- 『グリーフ・ケア　死別による悲嘆の援助』高橋聡美編（メヂカルフレンド社）2012 年
- 『動作療法の展開―こころとからだの調和と活かし方』成瀬悟策（誠信書房）2014 年

第 6 章
- 『真言宗　在家勤行講義』坂田光全（東方出版）1995 年
- 『真言宗　常用経典講義』坂田光全（東方出版）1997 年
- 『仏前勤行次第』高野山真言宗布教研究所編（高野山真言宗教学部）1999 年改訂

辞典
- 『密教辞典』佐和隆研編（法蔵館）1975 年
- 『佛教語大辞典　縮刷版』中村元（東京書籍）1981 年
- 『岩波　仏教辞典　第二版』中村元、福永光司、田村芳朗、今野達、末木文美士編（岩波書店）2002 年

あとがき

　この本の執筆の依頼をいただきました時、大阪大学中之島センターで高野山大学別科スピリチュアルケアコースも開講されました。スピリチュアルという邦訳の難しい単語を冠したコースの主任を命ぜられ、スピリチュアルな視点で人をケアするというのはどういうことなのかと、かなり悶えておりました。

　本書を執筆するために改めて仏典を読み直し、お大師さまの思想を学び直しましたが、この勉強のおかげで私が何を求めて高野山にきたのかが、そして、スピリチュアルケアの輪郭がおぼろげながら見えるようになりました。このような貴重な機会を与えていただきましたセルバ出版の森社長には心より感謝を申し上げます。

　また、私が高野山に来て、今年で10年目になります。相変わらず変な罪悪感には苛まれるものの、もう一度現実社会で生きて行こうと思えるようになったのは、真言密教の教えに触れ、高野山大学の諸先生方からの学びと、多くの友人との出会い、そして、臨床現場で出合う方々の多様な人生に触れさせていただいたからだと思います。皆様に感謝申し上げます。

　特に、私に「雅宝」と命名してくださった、師僧の静慈圓先生、インドの宗教、仏教について全くの素人であった私の稚拙な質問に丁寧にお付き合いいただきました室寺義仁先生、桜野清里先生、土居夏樹先生、共に大学院で学び、密教の世界観についてこと細かに教えてくれた、学友の谷口真梁君、真言密教の行に関する疑問にいつもお答えいただきました、勝楽寺の森大誠住職に深く御礼申し上げます。

　また、日常現場での宗教家の姿勢を教えて下さった、白浜バプテストキリスト教会の藤藪庸一牧師、調査研究を必死に手伝っていただきました、助手の中濱智厚君、小嶋隆誌君にも深く御礼申し上げます。

　さらには、遠く北海道の地でワイン作りをしている中で、文章校訂作業にご尽力いただきました、旧友の竹部裕二君、イラストを描いていただいた、木下粂子さんにも深く御礼申し上げます。

本書は、皆さまに真言密教に親しんでいただくために、そして、私自身が残り短い人生をいかに生きるのかを、自分に問いかけるために書きました。

　本書を執筆中に私の心に大きな変化がありました。これまでは、自分の心理相談所の相談室にお祀りしている仏菩薩に、「なんとか自分の人生と、私の出会う方々の人生が少しでも良くなりますように」とお願いをしていたのが、最近では「私と、私の出会う方々がどんな困難にもへこたれない心になりますように」というお願いに変わりました。
　「自分の思い通りにならないことは苦である」としつこく書きましたが、ようやく私もその現実を直視し、その苦を受け入れる心構えができてきたのかもしれません。
　私自身も、寿命がつきるまで、私がこれまでになしてきた業と向き合い、なんとか受け入れていこうと思っております。
　真言密教は、「からだ」と「こころ」と「いのち」をもって学ぶものです。本書を読まれて、真言密教をさらに学びたいと思われた方は是非、高野山へ、そして高野山大学へお越しください。

　教えの中心地に身を置くことによってその教えが皆さまのいのちに染み渡るものと思います。
　皆さまの人生が少しでも実り多きものとなられますこと、高野の峰にてご祈念致しております。

合掌

著者略歴

森崎　雅好（もりさき　まさよし）

1972年兵庫県に生まれる。1998年千葉大学大学院教育学研究科学校教育専攻修了（教育学修士）。千葉大学教育学部非常勤講師、千葉県スクールカウンセラーなどを兼務。2005年高野山大学大学院密教専攻入学（2007年、退学）。2007年心理相談所『雅宝庵』を開設。高野山大学非常勤講師を経て、2010年高野山大学助教（現職）。和歌山大学保健センター心理カウンセラー、和歌山県精神保健福祉センター自死遺族支援相談員を兼務。高野山真言宗僧侶（僧名　雅宝）。臨床心理士（第8886号）。専門の研究・活動領域は、ひきこもり支援、スピリチュアルケア、自殺防止・自死遺族支援。NPO法人白浜レスキューネットワークの協力会員として、白浜町にある三段壁周辺にて自殺の防止活動・自立支援活動に参加している。

著書に、「自死と向き合う－自殺防止のためにできること・白浜での自殺防止活動を通じて」（阿吽社）、「子ども・若者政策のフロンティア」（共著、晃洋書房）がある。

はじめての「密教的生き方」入門

2015年3月20日　初版発行　　2023年9月6日　第4刷発行

著　者　森崎　雅好　　©Masayoshi Morisaki
発行人　森　忠順
発行所　株式会社 セルバ出版
　　　　〒113-0034
　　　　東京都文京区湯島1丁目12番6号 高関ビル5B
　　　　☎ 03（5812）1178　　FAX 03（5812）1188
　　　　http://www.seluba.co.jp/

発　売　株式会社 創英社／三省堂書店
　　　　〒101-0051
　　　　東京都千代田区神田神保町1丁目1番地
　　　　☎ 03（3291）2295　　FAX 03（3292）7687

印刷・製本　株式会社 丸井工文社

●乱丁・落丁の場合はお取り替えいたします。著作権法により無断転載、複製は禁止されています。
●本書の内容に関する質問はFAXでお願いします。

Printed in JAPAN
ISBN978-4-86367-194-2